钱基博国学著作选粹

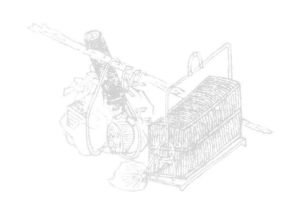

钱基博 著

# 国学文选类纂

上海古籍出版社

**图书在版编目（CIP）数据**

国学文选类纂／钱基博著. —上海：上海古籍出
版社,2024.5
（钱基博国学著作选粹）
ISBN 978-7-5732-1125-5

Ⅰ.①国…　Ⅱ.①钱…　Ⅲ.①国学—文集　Ⅳ.
①Z126.27-53

中国国家版本馆 CIP 数据核字（2024）第 076925 号

钱基博国学著作选粹

**国学文选类纂**

钱基博　著

上海古籍出版社出版发行

（上海市闵行区号景路 159 弄 1-5 号 A 座 5F　邮政编码 201101）

（1）网址：www.guji.com.cn
（2）E-mail：guji1@guji.com.cn
（3）易文网网址：www.ewen.co

启东市人民印刷有限公司印刷

开本 890×1240　1/32　印张 6.375　插页 3　字数 170,000
2024 年 5 月第 1 版　2024 年 5 月第 1 次印刷
印数：1-2,100
ISBN 978-7-5732-1125-5

Z·477　定价：30.00 元

如有质量问题,请与承印公司联系

# 出　版　说　明

　　钱基博(1887—1957)，字子泉，别号潜庐，江苏无锡人，著名学者、教育家。

　　钱氏出身书香门第，四岁起即读四书五经，十五岁时读《资治通鉴》《续通鉴》《读史方舆纪要》等书。少年时期所受的教育，决定了他一生的学术走向。钱氏在思想上基本上秉持了"中学为体，西学为用"这一根本理路，以中国传统的经史之学为自撰门径，同时亦以此为驾驭新知识、新学问的一种方法。

　　辛亥革命兴，钱氏曾在军政府中任职，但其一生的事业主要还是在于教育。钱氏十九岁时始任家庭教师，二十六岁任无锡第一小学教员，二十九岁任吴江丽则女子中学教员，此后更历任上海圣约翰大学国文教授、上海光华大学教授、国立浙江大学教授、湖南国立师范学院教授兼国文系主任等职，直至最后以华中师范学院教职工的身份去世。钱氏一生可说是与教育结下了不解之缘，这种教育者的身份，使得钱氏在秉持和改造传统学术理念的同时，又十分注意传统学问的传播和普及。从三十多岁时出版的《语体文范》到四十多岁时出版的《国学文选类纂》《老子道德经解题及其读法》等一系列著作，钱氏在学术上的所作所为均有推广和规范传统学问的意旨。在研究传统学问的同时，又力图使其成为普通知识人的日常所需，这构成了钱氏治学的另一特色，而这种特色又反过来使钱氏的著作成为普通读者迈进国学门槛的绝佳指引。

　　钱氏一生著述甚多，我社曾经推出《钱基博著作集》十二种，收录钱氏有代表性的单行著作为主，同时选收有学术意义的代表性论文，

1

精择底本,核校引文,简体横排,新式标点,以适应现代阅读习惯,受到读者欢迎。今复择其中有关国学研究之作,分合篇目,编为《钱基博国学著作选粹》,包括以下十种:

《韩愈志》

《经学通志》

《国学文选类纂》

《近百年湖南学风》

《古籍举要　版本通义》

《孙子章句训义(外一种)》

《文学通论(外一种)》

《国故概论》

《国学要籍解题及其读法》

《文心雕龙校读记　读庄子天下篇疏记》

另《克劳塞维兹兵法精义》(原名《德国兵家克劳山维兹兵法精义》)篇幅短小,今附于《孙子章句训义》后。《国学必读》原分上下册,今依原题析为《文学通论》(编选历代文论)、《国故概论》(编选经、小学、史、子相关论文)二种,读者可各取所需。《骈文通义》原与《近百年湖南学风》合为一书,今以类相从附于《文学通论》后。同时修改部分标点、排印错误,重新出版,以飨读者。

上海古籍出版社

二〇二四年三月

# 目 录

# 总　叙*

《国学文选类纂①》之辑录既毕，意有未申，于是濡毫吮墨以发其指曰：

《记》曰："作者之谓圣，述者之谓明。"仲尼曰："述而不作，信而好古。"博文质无底，奚所能为役！独念博学通人，希圣有作，亦有辨章学术，条析流派，以示途辙，牖方来。谨以诵览所及，写著其文，以当明述，辑为六类：曰小学之部，曰经学之部，曰子学之部，曰史学之部，曰文学之部，曰校雠目录之部，而题其耑曰《国学文选类纂》。将以宏阐国学，考镜源流，统斯文之条贯，诏学者以知方；庶几国学之筦枢，文章之林囿也！傥有睹记旁逮，足备考论，见仁见知，义各有当，附之于篇，为后学治国闻者览观焉。然而鄙怀之所欲陈，则固别有在。傥挟册而以为窥国学之宏秘焉，博愿有以进之也。诚窃以为必先知"学"之涵义，而后可与国学。试条析而竟其义：

一、何谓"学"？按"学"之为言"觉"也。《说文·敎部》："敎，觉悟也。从敎，从冂。冂，尚矇也。臼②声。学，篆文敎省。"《白虎通·辟雍篇》："学之为言觉也。""所以疏神达思，怡情理性，圣人之上务也。民之初载，其矇

---

　＊　据商务印书馆 1935 年版校印。钱基博在其国学研究中，将国学研究范围分为六类：小学、经学、子学、史学、文学、校雠目录，并称之为"国学的科别"。本书分三集：甲集小学之部、乙集经学之部、丙集子学之部，按《总叙》所称当有下册，但钱先生是否已撰著或出版过，不得而知。

　①　据钱基博《版本通义》引姚鼐《古文辞类纂》光绪辛丑李承渊校刊本后序称，"纂"字本《汉书·艺文志》序《论语》云："门人相与辑而论纂。"嘉庆末康绍镛刻《古文辞类纂》误作"纂"，后皆承其误，通行作"纂"；然本当作"纂"。本书保存商务印书馆 1935 本之原貌，仍作"纂"。

　②　臼，原误作"白"，据《说文解字》改。

未知;譬如宝在乎玄室,有所求而不见;白日昭焉,群物斯辩矣:学者,心之白日也。今心必有明焉,必有悟焉,如火得风而炎炽,如水赴下而流速,斯大圣之学乎神明而发乎物类也。"采徐幹《中论·治学篇》。"君子博学而日参省乎己,则知明而行无过矣。"见《荀子·劝学篇》。惟"觉"斯征"学",惟"学"乃臻"觉"。是故言"学"者不可不知"义"与"数"之辩;知之者觉,昧之者愚也。何以言其然?《荀子·劝学篇》曰:"学恶乎始? 恶乎终? 曰:其数则始乎诵经,终乎读礼;其义则始乎为士,终乎为圣人。古人言学以圣为归。圣者,大觉至通之称。《庄子·天运篇》曰:"圣也者,达于情而遂于命也。"《说文·耳部》:"圣,通也。"《白虎通·圣人篇》:"圣者,通也。"真积力久则入,学至乎没而后止也。故学数有终;若其义则不可须臾舍也。为之,人也! 舍之,禽兽也!"此知"义"与"数"之辩者也。《汉书·艺文志》曰:"古之学者耕且养,三年而通一艺,存其大体,玩经文而已;是故用日少而畜德多,三十而五经立也。后世经传既已乖离,博学者又不思多闻阙疑之义,而务碎义逃难,便辞巧说,破坏形体,说五字之文,至于二三万言。后进弥以驰逐;故幼童而守一艺,白首而后能言,安其所习,毁所不见,终以自蔽。此学者之大患。"此不知"义"与"数"之辩者也。於戏! 讫清乾嘉已还,学者方承惠栋、戴震诸老之遗风,袭为一种考据琐碎之学,辩物析名,梳文栉字,刺经典一二字,解说或至数千万言,繁称杂引,号曰汉学。群流和附,坚不可易。于是专求古人名物、制度、训诂、书数,以博为量,以窥隙攻难为功;若舍是不足与于"学"者! 庸讵知汉学之所谓名物、制度、训诂、书数者,徒荀子之所谓"学数有终",而无当于"不可须臾舍"之"义"也乎? 古人为学以畜德,贯其义也;后儒讲学以驰说,逐于数也。虽然,荀子不云乎:"君子之学也,入乎耳,著乎心,布乎四体,形乎动静,端而言,蠕而动,一可以为法则。小人之学也,入乎耳,出乎口;口耳之间则四寸耳,曷足以美七尺之躯哉!"见《荀子·劝学篇》。此"觉"与"不觉"之别,"君子"、"小人"之分也,不可不深察!

不可不熟虑！

二、何谓国学？国学之一名词，质言其义曰："国性之自觉"云尔！国于天地，必有与立。而人心风俗之所系，尤必先立乎其大，深造而自有得，相以维持于不敝。其取之它国者，譬之雨露之溉、土肥之壅，苟匪发荣滋长之自有具，安见不求自得而外铄我者之必以致隆治、扬国华也耶！是故国学之所为待振于今日，为能发国性之自觉，而俾吾人以毋自暴也。吾生四十年，遭逢时会，学术亦几变矣。方予小弱，士大夫好谈古谊，足己自封。其梯航重译通者，胥以夷狄遇之，而诩然自居为中国，以用夷变夏为大戒，于外事壹不屑措意，此一时也。"风气渐通，士知觚陋为耻，西学之事，问涂日多。然亦有一二巨子，訑然谓彼之所精，不外象数形下之末。彼之所务，不越功利之间，逞臆为谭，不咨其是。讨论国闻，审敌自镜之道，又断断乎不如是也！"采严复《天演论序》。此又一时也。既世变日亟，国人晓然于积弱，则又以为中国事事不如人，旧学寖以放废。于是"家肄右行之书，人诩专门之选，新词怪谊，柴口耳而滥简编。向所谓圣经贤传，纯粹精深，与夫通人硕德，穷精敝神所仅得而幸有者，盖束阁而为鼠蠹之久居矣。"采严复《涵芬楼古今文钞序》。然而行之二十年，厥效可指：衡政，则民治以为揭帜，而议士弄法不轨，武人为于大君；论教，则欧化袭其貌似，而上庠驰说不根，问学徒恣横议。放僻邪侈，纪纲无存。欲求片词只义，足以维系一国之人心者而渺不可得。国且不国，何有于治！於戏！古谚有之曰："橘逾淮化为枳也。"况于谋人之国，敷政播教，将谓树一国之人文，而可以移植收其全功者乎！此必不可得之数也！其效则既可睹矣。此又一时也。大抵自予之稚以逮今日，睹记所及，其民情可得而言：其始足己而自多，后乃蔑己以徇人。然见异思迁者，徒见人之有可法，而不知国性之有不可蔑。而足己自多者，又昧人之有可法，而不知国性之有不尽适。二者之为蔽不同，而失之国性之不自觉则均。是故言"国性之自觉"者，必涵二谛而义乃全：一曰"必自觉国性之有不可蔑"。昔罗马大哲尝作诗歌以大诰于国曰："前车非远,希腊所程猗。希腊之花,昔何荣猗!彼昏不知,狎侮老成猗!斁其明神,薄其典型猗!万目异色,群耳无正声猗!纲绝纽解,人私自营猗!累世之业,黮其沉冥猗!嗟我国人,能勿惩猗!"采梁启超译。见《庸言报》第一卷第一号《国性篇》。嗟乎!吾每诵此,而感不绝于予心也!傥一国之人,自上下下,不复自知我国历史久长之难能,文化发扬之可贵。本实已拨,人奋其知,自图私便,则国与民之所恃以抟系于不坏散者,仅法律权力之有强制、生命财产之受保障耳,于精神意志之契合何有!一旦敌国外患之强有力者临之,但使法律权力,足以相制;生命财产,足以相保;而蚩蚩者氓,只如驯羊叩狗,群帖焉趋伏于敌人之足下已耳!古今之亡国者,未或不由是也!傥有国之人焉,胚胎于前光,歌诵其历史,涵濡其文化,浃肌沦髓,深入人人。人心不同,而同于爱国;如物理学之摄力,抟捥一国之人,而不致有分崩离析之事也;如化学之化合力,熔冶国人,使自为一体,而示异于其他也。然后退之足以自固壁垒,一乃心,齐乃力,外御其侮,而进焉则发挥光大之以被于全人类而为邦家之光!此国性自觉之第一义也。一曰"必自觉国性之有不尽适"。吾国立国于大地者五千年,其与我并建之国代谢以尽者几何!而我乃如鲁灵光巍然独存,虽中间或被夷虏,为国大厉,而渐仆渐起,不旋踵而匡复故物,还我河山,歌斯哭斯以聚骨族于斯。其国性之养之久而积之厚也,其入人之深也,此不待言而自解也。然树艺积久而必萎,国性积久而有窳。时移势迁,有不适者。故曰:"文久而息,节族久而绝,守法数之有司极礼而褫。"见《荀子·非相篇》。又曰:"礼时为大。"见《礼记·礼器》。因时制宜,宁容墨守;非有所矫,不能图存;固也。如人性然,变化气质,增美释回。君子道在修身,莫不然。然而不可不知者:国性可助长而不可创造也,可改良而不可蔑弃也。傥如"戕贼杞柳以为桮棬",桮棬未成而杞柳先戕,庸杞柳之所利为之乎!然则斩丧国性以致富强,富强未致而国性先坠,庸国人之所利为之乎! 即中知,固知其不利矣。於戏! 挽近以还,欧化东渐,国人相竞以诏;而浅尝之士,于所学曾未深求,辄掍摭所闻西事以自矜诩,遂欲有所施行。其仁义道德传自往昔,为人生所必繇,古今中外莫能易,操之则存、舍之则亡者;则或以其中国老生常谈,放言高论,务摧灭之以为快。其尤甚者,乃至以弱肉强食为公理,以裸体相向为美术,以贪冒淫侈为文明。问其所以? 曰:"欧儒云尔,我亦云尔也。"人心日即于浮嚣,国事日征其蜩螗。生心害政,以若所为,而曰"强国救群之道在是",譬于饮酖而救渴,吾见渴之未救而大命已倾,国之未强而人心先坏。安其危而利其灾,所谓"强国救群之道",果如是乎! 然则国学之所为待振于今日者,为能发国性之自觉,而俾吾人以毋自暴也! 倘欲发国性之自觉,其必自言学者知"义"与"数"之辩始。见《孟子·告子上》。

昔荀子劝学,兼综"数"、"义",以为:"其数则始乎诵经,终乎读礼;其义则始乎为士,终乎为圣人。"见《荀子·劝学篇》。"全之尽之,然后学者也。君子知夫不全不粹之不足以为美也,故诵数以贯之,思索以通之,为其人以处之。"见《荀子·劝学篇》。则是荀子劝学,贯"义"与"数"而一之;彻始彻终,非二物也。后儒则离"义"与"数"而二之,譬如耳目口鼻,皆有所明,不能相通。有陈其"数"而疏于"义"者,有明其"义"而遗乎"数"者。将以便举称,明殊指,为之题目,昭其涵容:一曰"人文主义",一曰"古典主义"。

"人文主义"者,以为国学之大用,在究明"人之所以为人之道",而以名物考据为琐碎。此明其"义"而遗乎"数"者也。

"古典主义"者,以为国学之指趣,在考征"古之所以为古之典章文物",而以仁义道德为空谭。此陈其"数"而疏于"义"者也。

於戏! 国之有学,非一日矣。竖尽往古,亘极来今,盖亦有其变迁递嬗之迹可举者焉。庄生有言曰:"孰主张是? 孰维纲是? 孰居无事推而行是?"见《庄子·天运篇》。事实之所诏我,实以两主义相摩相荡,迭为兴仆,运转而不能自止者也。大抵汉学尚考据,明训诂。荀子所谓"其数则始乎诵经,终乎读礼","古典主义"之可征者也。宋儒道性善,明义理。荀子所谓"其义则始乎为士,终乎为圣人","人文主义"之可征者也。虽然,犹有辩:

汉学有今古文之分:今文经世以致用,微言大义是尚;此汉学之近于"人文主义"者也。古文稽古以释经,名物训诂是谨;此汉学之偏于"古典主义"者也。然而今文极盛于西京,古学代兴于东汉;古学既盛而今文遽绝焉。《后汉书·郑玄传》曰:"初,中兴之后,范升、陈元、李育、贾逵之徒争论古今学,后马融答北地太守刘瓌及玄答何休,义据通深,由是古学遂明。"则是"古典主义"擅汉学后起之胜也。

宋儒有朱陆之争:朱子道问学,读书不害穷理。《宋元学案·晦翁学案》载:陈北溪答李贯之曰:"先生教人尊德性,道问学,固不偏废,而下力处却多在道问学上。"此宋儒之不废"古典主义"者也。陆象山尊德性,明心乃以见性。《宋元学案·象山学案》曰:"宗羲案:先生之学以尊德性为宗,紫阳之学则以道问学为主。先生与兄复斋会紫阳于鹅湖,复斋倡诗有'留情传注翻榛塞,著意精微转陆沉'。先生和诗亦云:'易简功夫终久大,支离事业竟陆沉。'紫阳以为讥己,不怿。"此宋儒之尤重"人文主义"者也。然朱学极盛于宋、元;阳明崛起于明代。陆学重光,而朱学少衰矣。则是"人文主义"擅宋学后起之胜也。

然当宋儒未起,汉学将变之际,老、庄于魏、晋,佛于隋、唐,士大夫谭名理、崇高致,以清言为尚,以章句为尘垢,亦由风气穷而思变,学术蕲于自觉。厌考据之烦琐,无补人生;乐名理之简隽,欲以自慰。此实古今学术升降一大转机也。徒以玄谭自放,君子不贵;佛说外道,吾儒所鄙;国学一线,端系六经。然而魏晋经学,衍之东汉,统绪分明,详见《隋书·经籍志》。而有不同于东汉者。盖同者其传说,而不同者其精神。东汉言训诂,或流繁琐;而魏晋好名理,亦出简隽也。"汉初诸儒,专治训诂,如教人亦只言某字训某字,自寻义理而已。"采

《朱子语类》。"自晋以来,改变不同,王弼、郭象辈是也。汉儒解经,依经演说;晋人则不然,依经而自作文。"采《朱子语类》。则是"古典主义"也,而"人文主义"寓焉矣。后来宋儒之师心说经,其经义大抵汲魏晋之流风者也。然魏晋诸儒,尚解经而为经注,如王弼、韩康伯之注《易》,杜预、范宁之集解《春秋左氏》《穀梁》,皆经注也。至南北朝则守一家之注而诠解之,且旁引诸说而证明之,所谓义疏者也。则是义疏者,盖注注而非注经。是故汉迄魏晋,经学也;南北朝,注学也。皇侃,熊安生,沈文阿,刘焯、炫之伦,著录繁夥。至唐孔颖达修订《五经正义》,贾公彦、元行冲、徐彦、杨士勋赓续有作,遂遍诸经。百川洄注,潴为渊海,信经学之极轨也。然则唐学者,殆集南北朝注学之大成,而为东汉古学尾闾之宣泄焉!

宋儒五子,周敦颐、程颢、程颐、张载、朱熹游心六艺,旁参禅乘,周敦颐从僧寿崖学,阐太极无极之旨。程颢资性过人,泛滥诸家,出入老释,返求诸六经,而充养有得。张载勇于造道,已求诸释老,乃返求之六经。朱子亦阐禅理,阳儒阴释。宋儒无不如此。明德新民,壹主于率性修道。国学之人文主义,所以昭明于有宋,如日中天者,实以天竺明心见性,般若大觉之佛说西照,而吾儒率性修道,明德亲民之经蕴内宣。男女同姓,其生不蕃;果艺异树,接种乃佳。生物然,学术亦有然也!惟五子不废问学,犹于吾儒为近;而陆王偏尊德性,弥于禅宗有会耳。

然自明中叶,王阳明以致良知,昌明陆学,风靡一世,号曰"姚江学派",理想缤纶,度越前古。及其敝也,士不悦学,徒长虚憍!谈空说有,相矜以口,益见迂阔而远于事情。横流恣肆,非直无益于国,而且蔑以自淑。逮晚明刘宗周证人一派,已几于王学之革命矣。及明之既亡,而学风亦因以革变,天下稍稍恶虚趋实。陆世仪、陆陇其等生清之初,始专守朱子,辩伪得真;高愈、张履祥坚苦自持,不愧寅践。风气所鼓,一时景从。此由陆王之"尊德性"而反之于朱子之"道问学"者也。至顾炎武、阎若璩等卓然不惑,以为"经学即理学",全谢山

《鲒埼亭文集·顾先生炎武神道表》曰:“晚益笃志六经,谓‘古今安得别有所谓理学者’?经学即理学也。自有舍经学以言理学者,而邪说以起。不知舍经学,则其所谓理学者,禅学也。故其本朱子之说,参之以慈溪黄东发《日抄》。所以归咎于上蔡、横浦、象山者甚峻。”求是辩诬,开一代之风气,导厥先路。乾隆以还,惠栋、戴震等精发古义,诂释圣言,天下所宗。自是学者务于经籍传注,考订发挥。“诸经新疏,更迭而出。或更张旧释,补阙匡违,若邵晋涵、郝懿行之《尔雅》,焦循之《孟子》,胡培翚之《仪礼》,陈奂之《毛诗》,刘宝楠之《论语》,陈立之《公羊》,孙诒让之《周礼》,是也。或甄撰佚诂,宣究微学,若孙星衍之《尚书》,张惠言之《周易》,刘文淇之《左传》,是也。或最括古谊,疏注兼修,若惠栋之《周易》,江声之《尚书》,是也。诸家之书,例精而谊博,往往出皇、孔、贾、元诸旧疏之上。盖贞观修书,多沿南学,牵于时制,别择未精。《易》则宗辅嗣而祧郑、虞。左氏则尊征南而摈贾、服。《尚书》则崇信梅、姚,使伏、孔今古文之学并亡,厥咎郅钜!加以义尚墨守,例不破注,遇有舛互,曲为弥缝;孔颖达之正义《五经》,各尊其注,两不相谋,遂成违伐;若斯之类,尤未允惬。而清儒新疏,则扶微捃佚,必以汉诂为宗;且谊证宏通,注有回穴,辄为理董;斯皆非六朝、唐人所能及。然则言经学者,莫盛于义疏;而为义疏者,尤莫善于清乾嘉诸儒!”采孙诒让《籀庼述林·刘恭甫墓表》。此由朱子之“道问学”,反本修古而为东汉之古学者也。则是“人文主义”之积窳于明季,而“古典主义”于以重光焉。虽然,人苦不自觉,而不安于不自觉,于是乎言学。倘言学者,数典不足以经世,具数无所陈其义;譬如五官百骸,形体徒存,而神明不属,生气何托!不以训诂名物自安,必欲进而求微言大义;人之情也,学之道也。清儒既遍治古经,戴震弟子孔广森始著《公羊通义》,厥为清儒言今文学者之权舆。南北朝以降,经说学派只争郑玄、王肃,今古文之争遂熄。唐陆德明著《释文》,孔颖达著《正义》,皆杂宗郑、王。今所传《十三经注疏》者,《易》用王弼,《书》用伪孔安国传,《诗》用毛公传、郑玄笺,《周礼》、《仪礼》、《礼记》皆用郑玄注,《春秋左氏传》用杜预注;其馀诸经皆汲东汉古文家之流。西汉所谓今文十四博士者,其学说皆亡,仅存者惟《春秋公羊传》之何休注而已。今文学之中心在《公羊》,而公羊家言则真所谓"其中多非常异义可怪之论"。然不明家法,治今文学者不宗之。嘉道以还,庄存与、刘逢禄祖孙相嬗,刘逢禄为庄存与之外孙,弱不好弄。母氏诲之,学必举所闻于外王父以纠俗师谬说。年十一,初谒外王父,叩以所业,应对如响。曰:"此外孙必能传吾学。"详见李兆洛《养一斋文集·礼部刘君传》、戴望《谪麟堂文集·故礼部仪制司刘先生行状》。世以《公羊》名家,刊落训诂名物之末,专求其所谓"微言大义"者;凡公羊家言所谓"非常异义可怪之论",如"张三世"、"通三统"、"绌周王鲁"、"受命改制"诸义,次第发明;言今文者宗之。龚自珍说经好庄、刘,尤擅要眇之思,往往引《公羊》义,讥切时政,诋排专制,益为言学者所喜。南海康有为能敷说《公羊》改制以言变法,禅其弟子;新会梁启超,益推而大之,至于无垠;声生势张,而言今文学者盈天下矣。此由东汉之古学,又溯而上以反诸西汉之今文者也。则是"古典主义"之渐厌于晚清,而"人文主义"相与代兴焉。

　　方晚清今文大昌之日,独德清俞樾治古学,号东南大师,为鲁灵光。章炳麟《太炎文录·俞先生传赞》曰:"浙江朴学晚至,则四明、金华之术茀之,昌自先生;宾附者有黄以周、孙诒让。是时先汉师说已陵夷矣,浙犹毅张,不弛愈缮。不逮一世,新学蠕生,灭我圣文①,椠而不蝉,非一隅之忧也。"其弟子章炳麟恢张其绪,尤擅声音训诂,好称引左氏,而无害于言革命,谓"贾逵言'左氏义深君父',此与公羊反对之辞。若夫'称国弑君'、'明其无道',则不得以'义深君父'为解。杜预于此最为宏通;而近世焦循、沈彤辈多谓预借此以助司马昭之弑高贵乡公,则所谓'焦明已翔乎寥廓,弋者犹视乎薮泽'也!"见章炳麟《太炎文录·再与刘光汉书》。儒林之言革命者,咸以章炳麟为巨擘矣! 于是治今文者言保皇变法,学古文者倡排满革命,昭昭然如泾渭分而鸿沟画也。清廷既覆,革命成

---

　　① "文"字原脱。

功,言今文者既以保皇变法,无所容其喙,势稍稍衰息矣。而章氏之学,乃以大白于天下!一时北京大学之国学教授,最著者刘师培、黄侃、钱玄同辈,亡虑皆章氏之徒也。于是古学乃大盛!其时胡适新游学美国归,方以誉髦后起讲学负盛名,以为"清儒之所谓汉学者,一名朴学,对于宋儒之理学而言,不外文字训诂、校勘考订之学。而其治学之法,不外两事:曰'大胆的假说',曰'小心的求证'。假设不大胆,不能有新发明。证据不充足,不能使人信仰。此欧儒之所以治科学;而吾国惟治朴学者为得其意焉!"见《胡适文存·清代学者的治学方法》。于是言古学者,益得皮傅科学,托外援以自张壁垒,号曰"新汉学",异军突起。而其所为不同于东汉古学者,盖以《周礼》为伪托,目《尚书》非信史,又谓"六籍"皆儒家托古,胥同今文学说也。惟今文家意在经世,而新汉学主于考古,议论虽同而归趣不一。此新汉学之所以异今文,而与东汉古学同其归者也!然东汉古学,欲以信古者考古,而新汉学,则以疑古者考古。此又新汉学之所为不同于东汉古学。而要其归,在欲考见"古之所以为古之典章文物",则又无乎不同者耳!万流所仰,亦名曰"北大派",横绝一时,莫与京也。独丹徒柳诒徵,不徇众好,以为古人古书,不可轻疑;又得美国留学生胡先骕、梅光迪、吴宓辈以自辅,刊《学衡杂志》,盛言人文教育,以排难胡适过重知识论之弊。一时之反北大派者归望焉,号曰"学衡派"。世以其人皆东南大学教授,或亦称之曰"东大派"。然而议论失据,往往有之。又以东大内畔,其人散而之四方,卒亦无以大相胜。然"古典主义"者,国学之歧途,而"人文主义",则国学之正轨,未可以一时之盛衰得失为衡也!诚窃以为言国学者当以人文主义为宜。何以言其然?

其故有二:

一就国学二字顾名思义言之。按"学"之为言"觉","国学"之为言"国性自觉",吾则既言之矣!然惟"人文主义"之国学,斯足以发国性之自觉,而纳人生于正轨;理之自然,必至之符也。"人文主义"之一名词,在欧土与"物质主义"为对;在吾儒与"古典主义"为对。"古典主义",昔人之所轻;"物质主义",今世之所患。何以言其然?"人文主义"之所寓,昔人谓之"义"。"古典主义"之所陈,昔人谓之"数"。《礼记·礼运》曰:"礼也者,义之实也;协诸义而协,则礼虽先王未之有,可以义起也。"此持"人文主义"者也。《荀子·荣辱篇》曰:"循法则、度量、刑辟、图籍,不知其义,谨守其数,慎不敢损益也,父子相传以持王公;是故三代虽亡,治法犹存;是官人百吏之所以取禄秩。"此守"古典主义"者也。然"数"有可陈,而其"义"难知;"数"有可革,而其"义"不变。《礼记·郊特牲》曰:"礼之所尊,尊其义也。失其义,陈其数,祝史之事也。故其数可陈也,其义难知也。知其义而谨守之,天子之所以治天下也。"则是"数"有可陈,而其"义"难知也。《礼记·大传》曰:"立权度量,考文章,改正朔,易服色,殊徽号,异器械,别衣服,此其所得与民变革者也。其不可得变革者则有矣!亲亲也,尊尊也,长长也,男女有别,此其不可得与民变革者也。"则是"数"有可革,而其"义"不变也。皮之不存,毛将焉附!"义"之未协,"数"徒具文!则是"义"尊而"数"卑,"义"先而"数"后也。故曰"古典主义,昔人之所轻"也。抑吾闻之也:美国哈佛大学教授白璧德氏(Irving Babbitt)者,尝倡人文教育以申儆一世;其大指以为:"西洋近世物质之学大昌,而人生之道遂昧!科学工商日益盛,而人之所以为人之道愈失!于是熙熙攘攘,惟利是崇。而又激于感情,中于诡辩,群情激扰,人奋其私,是非善恶,无所准绳。而国与国、人与人之间,则常以互相残杀为事。科学发达,人心益以不静,而为神明之桎梏。哀哉!此其受病之根,在人之昧于所以为人之道。盖物质与人生,截然两途,各有其律。科学家发明物质之律,非不精能也。然以物质之律,施之人生;则心为形役,玩物丧志;私欲横流,人将相食。盖人生自有其律。今当研究人生之律以治人生。人文教育者,即教人所以为人之道。"见《学衡》第三期胡先骕译白璧德《中西人文教育谈》。有慨乎其言之也!呜

11

呼!《记》不云乎:"人生而静,天之性也。感于物而动,性之欲也。物至知知,然后好恶形焉。好恶无迹于内,知诱于外,不能反躬,天理灭矣。夫物之感人无穷,而人之好恶无迹,则是物至而人化物也。人化物也者,灭天理而穷人欲者也。于是有悖逆诈伪之心,有淫佚作乱之事,是故强者胁弱,众者暴寡,知者诈愚,勇者苦怯,疾病不养,老幼孤独不得其所。此大乱之道也!"见《礼记·乐记》。而今适其会也。数十年来,海内士夫,貌袭于欧化,利用厚生,制驭物质之一切科学教学,未能逮欧人百一;而日纵亡等之欲,物质享乐,骎骎逮欧土而肩随之。物屈于欲,欲穷乎物。生人道苦,乱日方长。故曰:"物质主义,今日之所患"也。然则验之当今,惟"人文主义",足以救"物质主义"之穷。稽之于古,惟"人文主义"足以制"古典主义"之宜。国学者,"人文主义"之教学也;舍"人文主义"之教学,更何所谓"国学"者!盖惟"人文主义",为足以发吾人之自觉;亦惟"国学",为能备"人文主义"之至德要道。舍"人文主义"而言国学,则是遗其精华而拾其糟粕,祛其神明而袭其貌焉也!国性之不自觉,神明不属,譬之则行尸走肉耳,其何以国于大地!南山可动,吾言不易矣!

二就国学之所由起言之。国学之所由起,所以说明一国之"人文"。"古典"者,"人文"之遗蜕也。春秋以前,我国有政无学,有君、卿、大夫、士而无师儒。周辙既东,官坠其职;于是百官之守,一变而为百家之学;《汉书·艺文志》曰:"某家者流,盖出于某官",是也。"百家之学",所为异于"百官之守"者;"百官之守"者,谨守其"数","百家之学"者,宣究其"义";此国学之所为起也。余读《汉书·艺文志》,著录十家;其中农家者流,特明术而不为学;盖术者致于用,而学者究其义也。小说家者流,又稗说而不为学;盖说者听诸途,而学者得于心也。此固卑之无甚高论。即杂家者流,"兼儒墨,合名法"。家而曰杂,则非专门名家矣。其间可得而名家者,曰儒,曰道,曰阴阳,曰法,曰名,曰墨,曰纵横七者而已。独儒、道二者,囊括群流,为一切学术之所自出。其间阴阳、名、墨三者,各守礼官之一事。《汉书·艺文志》明言:"名家者流,盖出于礼官。"至云:"阴阳家者流,盖出于羲和之官。"疑即《周礼·大宗伯》礼官之属,所属所称"占梦掌其岁时,观天地之会,辨阴阳之气。以日月星辰占六梦之吉凶";"眡祲掌十辉之法,以观妖祥,辨吉凶"者也。"墨家者流,盖出于清庙之守。"疑即《周礼·大宗伯》礼官之属所称"大祝"、"小祝"者是也。而纵横一家,则出《诗》教之三百,见章学诚《文史通义·诗教上》。则是阴阳、名、墨者,儒家之支与流裔也。"申子卑卑,施之名实;韩子引绳墨,切事情,明是非;其极惨礉少恩,皆原于道德之意。"见《史记·老庄申韩列传》。则是法家者,道家之支与流裔。然则七家之中,独儒、道二者囊括群流,为一切学术之所自出;而管学术之枢者,舍儒、道二者,其奚属焉! 然儒与道不同学,而同归于人文主义。"儒家者流,盖出于司徒之官,助人君,明教化,游文于六经之中,留意于仁义之际",其为"人文主义",固不待言。至"道家者流,盖出史官,历记成败、存亡、祸福、古今之道,然后知秉要执本,清虚以自守,卑弱以自持,此君人南面之术也;合于尧之克攘,《易》之嗛嗛,一谦而四益";则是以"古典主义"为途径,而亦以"人文主义"为归宿者也。独是道家法自然,于社会一切人为之仁义道德文为制度,胥以为有违于自然,无补于人文,而放绝之,摈弃之。故曰:"大道废,有仁义。慧知出,有大伪。六亲不和,有孝慈。国家昏乱,有忠臣。""绝仁弃义,民复孝慈。绝圣弃知,民利百倍。绝巧弃利,盗贼亡有。此三者以为文不足,故令有所属,见素抱朴,少私寡欲。"引老子书。又曰:"礼者忠信之薄,而乱之首。"引老子书。又曰:"法令滋章,盗贼多有。"引老子书。至儒者重人为,凡社会一切相承之文为制度,苟有当于助长人文,罔不因势利导之,牖之轨物,而资以为经世之用。于是文王演《易》,周公制礼作乐,孔子删《诗》、《书》,订礼乐,欲董理一切相承之社会文为制度,以存其适者,汰其不适者,俾后世有所监观,如《六经》所载,亦必有所承,匪尽凭虚臆测,托古改制,如今文家云尔也! 此其异也。然儒与道不同学,而同归于"人文主义"。"古典主义"者,特国学歧出之途,而迫于时势之不容已耳!汉儒之言"古典主义"也,特以秦皇一炬,《诗》《书》百家语烧,非搜遗考订,不能重光于劫馀,赓旦古垂绝之人文教育也;时势则然也。清儒之重赓"古典主义"也,特以清廷禁罔密;而言陆王者多明遗老;士大夫惧世祸,又苦聪明材力无所用,故恣意于名物考订以自娱嬉,而免时网也;时势则然也。夫岂得已哉!论者乃以国学之正统目之,傎矣!

乃若兹编之所辑录者,特国学之涉于"古典主义"者耳,清儒重赓之汉学耳。数也,非义也。傥以自溺而不反焉?是则所谓"不知'义'与'数'之别"者也。太史公不云乎:"儒者断其义。驰说者骋其辞,不务综其终始。"见《史记·十二诸侯年表序》。班固有言曰:"惑者既失精微,而辟者又随时抑扬,违离道本,苟以哗众取宠。后进循之,是以五经乖析,儒学寖衰。此辟儒之患!"见《汉书·艺文志·诸子略》。宁独见议于汉世哉!于是董理厥指以弁于编。大雅君子,尚鉴吾意!

中华人民造国之十五年十二月一日无锡钱基博

# 甲　集

## 小　学　之　部

# 甲 集 叙 目

许慎《说文解字叙》
朱筠《重刻许氏〈说文解字〉叙》
江声《六书说》
章炳麟《小学略说》
章炳麟《理惑论》
姚华《说文古籀补补序》
杨荫杭《挨及①文与华文同源说》

右文六家,所以辨章小学之源流者也。往者南皮张之洞言:"读古经古子,宜先识古字。下笔宜写今字,而读古书必识古字。读书吟诗可用今音,而读古书必审古音。语言笔札可用今义,而解古书必用古义。识古字之形,晓古语之声,乃能明古书之义。大率字类定于形,字义生于声。知古字之形,则可觉今形之非。知古读之音,则可订今音之讹。故形声为识字之本。"见《輶轩语》。小学者,盖识字之学也;故以甲于编首焉。小学之书,本之许慎。今录许慎《说文解字叙》,所以明小学之所宗。录朱筠《重刻许氏〈说文解字〉叙》、江声《六书说》,所以析《许书》之条例。录章炳麟《小学略说》,所以阐小学之内涵。录章炳麟《理惑论》、姚华《说文古籀补补序》,所以穷小学之流变。而以杨荫杭《挨及文与华文同源说》殿焉,将以扩小学之途径,博意趣于斯文。其详不可以具论;然而博也尝闻其略也:言小学者兼文字之形、声、义三者而言。许慎《说文解字》,则形书也;自叙历举古

---

① 今译为埃及。

文、奇字、大篆、小篆、隶书、刻符、虫书汉曰"鸟虫书"、摹印汉曰"缪篆"、署书、殳书、草书之十一体,而著见者三种:一古文,二大篆,三小篆。叙称"大史籀著《大篆》十五篇,与古文或异",可见其大体不离古文而改者少也。又称:"秦始皇帝兼天下,李斯作《仓颉篇》,赵高作《爰历篇》,胡毋敬作《博学篇》,皆取史籀《大篆》,或颇省改。"则所改颇多。然"颇"字之上,加以"或"字;可见小篆之于古籀,或仍或省改,而不必尽省改;其仍者十之七八,省改者十之一二而已。许君书叙篆文,合以古籀。仍,则小篆皆古籀也,故不更出。省改,则古籀非小篆也;则更出曰"某古文某",或"籀文某",如"弌,古文一","薅,籀文薅从茻"之属;是也。此外又有所谓奇字者,《说文》厪两见:"几"下云:"古文奇字人也。""无"下云:"奇字无也。"《叙》所称"即古文而异"者也。然自清儒据出土之金文,籀《说文》之字体,而阐"许学"者乃辟一新途焉!按许君《叙》称:"古文,孔子壁中书也。壁中书者,鲁恭王坏孔子宅而得《礼记》、《尚书》、《春秋》、《论语》、《孝经》。又北平侯张苍献《春秋左氏传》。郡国亦往往于山川得鼎彝,其铭即前代之古文,皆自相似。虽厄复见远流,其详可得略说。"然则考文者,搜山川之鼎彝,证六书之古籀;固许君之家法也!汉以后,彝器之出,自宋始盛;而宋人所录金文,其书存者,有吕大临、王楚、王俅、王厚之诸家,而以薛尚功《历代钟鼎款识》为最著。然薛氏之旨,在于鉴别书法,而非斠校许书。迨清之乾嘉,言许学者大盛。《说文》十四篇校订、注释、考证之作朋兴;而研讨篆籀,多搜证于鼎彝。仪征阮元遂集诸家拓本,赓续薛书,撰《积古斋钟鼎彝器款识》。南海吴荣光有《筠清馆金石文录》,亦以《金文》五卷冠首而先行世。阮氏所录既富,又萃一时之方闻邃学以辨证其文字,故其考释精确,率可依据。吴氏释文,盖仁和龚自珍所撰,孤文碎谊,偶窥扃奥,自诩冥合仓籀之指,而凿空虹缪,见讥博物,往往有焉!道咸以后,名家者有海丰吴式芬、潍县陈介祺、吴县潘祖荫、吴大澂及福山王懿荣等;而式芬有《攟古录金文》,介祺有《簠斋吉金录》,祖荫有《攀古楼彝器款识》,大澂有《愙斋集古录》,搜采咸称精博；而其考释文字，多一时师友互相赏析所得，非必著者一人私言也。惟古器日出，时多异文；而考文者，其初援许以释器；既乃因器以疑许。于是武进庄述祖撰《说文古籀疏证》，吴大澂撰《说文古籀补》，瑞安孙诒让撰《古籀拾遗》、《古籀馀论》，以及晚近闽县林义光撰《文源》，黄县丁佛言撰《说文古籀补补》，东莞容庚撰《金文编》，所不知者，盖尚缺如。而依据金文，订补许书，遂蔚成一时之风尚焉。夫许君得山川鼎彝以证古文；而近儒即据后出彝器以难许书，乃云："李斯作篆已多承误，叔重沿而不治。"独余杭章炳麟博学通人，不慊时论，信许书以不祧，陈彝器之可疑；作《理惑论》，犹曰未足，重著其说于《文始叙例》。自是谭小学者有宗许、订许之殊。盖章炳麟者，固宗许之大师；而订许之名家，并世当推上虞罗振玉、海宁王国维二氏。然罗、王二氏之所以订许者，又非鼎彝而为甲骨。甲骨者，光绪戊戌、己亥间，河南安阳县西北五里之小屯洹水厓岸，为水啮而崩，得龟甲牛骨，镌古文字。罗氏考其地环洹水三周而居，即《史记·项羽本纪》所谓"洹水南，殷虚上"，因名所得曰"殷虚甲骨文"；谓殷商贞卜文字之遗也。福山王懿荣、丹徒刘鹗始收藏之；而刘氏为夥，选拓成书，曰《铁云藏龟》凡十册。后鹗死，英人哈同得其所藏八百片，影行《戩寿堂所藏殷虚文字》一卷，则又出《铁云藏龟》之外者也。然尚不如罗振玉所藏之为尤夥！传者谓有三万片。其拓墨影行成书者，有《殷虚书契前编》八卷，《后编》二卷，《殷虚书契菁华》一卷。所刻皆殷先王卜占、祭祀、征伐、行幸、田猎之事，其文字之数，比彝器尤多且古；故裨益于文字学者尤大。惟事类多同，故文字亦有重复。《铁云藏龟》未及别白；而罗氏之编，则分别部居，袪其重复，精审固视《铁云藏龟》过之！而瑞安孙诒让先就《铁云藏龟》考其文字，成《契文举例》二卷；而《名原》之作，亦多根据甲文；虽创获无多，而殷虚文字研讨之涂，实自孙氏发之！然亦不如罗振玉、王国维之后来居上！振玉有《殷商贞卜文字考》、《殷虚书契考释》、《殷虚书契待问》。国维有《戩寿堂所藏殷虚文字考释》。而其中足以订补许书者约有五事：一曰："甲骨文之不见《说文》者几及千字,可以补许氏之所未备"也。二曰:"甲骨文之与《说文》形体不同者,可以斠正许氏之谬讹"也。三曰:"甲骨文有与大篆、小篆相同者,可以证籀、斯之或异或颇省改,不过董理前文,而匪师心自用,仍旧贯者亦不少"也。四曰:"甲骨文之象形,恍若图画,可以悟象形之所由名"也。五曰:"甲骨文之会意,有殊体而实一字者(例如牢之从牛从羊,或殊体而实一字),亦可以拾许氏之遗"也。论者多以为发千古文字之秘藏!独章炳麟犹盛疑之;谓:"《周礼》衅龟,未闻铭勒。其余见于《龟策列传》者,乃有白雉之灌,酒脯之礼,梁卵之被,黄绢之裹,而刻画书契无传焉。夫骸骨入土,未有千年不坏!垩质白盛,其化非远;龟甲何灵而能长久若是哉?"见《理惑论》。然则地藏所发,订许者崇为鸿宝;宗许者疑为雁器。取舍不同,亦势然也!惟章炳麟之治小学,实以音韵为骨干,通其殊变;然形体或非所长!独推称邯郸淳书《正始三体石经》,谓"通许氏字指,其间殊体,庶可采录。"见《文始·叙例》、《理惑论》。而其以《三体石经》订正许书传写之讹者,则有无锡丁福保,得洛中新出土拓本六页,以证许书之"甲"从"十"而非"丅","𡩆"为"由"而非"甾","四"之古文为"亖","文"之古文从"心"。其大指以为"十为古文甲字,即押字,今田父野老犹习用之。石经《尚书》有'祖甲'、'大甲'两'甲'字,皆作'中';而后知《说文》甲、早、卓等字体作'中'不作'中'之为传写讹也!《说文》苗、迪、胄、笛、宙等三十一字,皆从'由',而正文无'由'字。今按石经《尚书》'非克有正迪惟前人光'、'天不可信我迪惟宁王德延',凡'迪'字中之'由',皆作'𡩆',而后知《说文》卷十二下'𡩆东楚名缶曰由象形';缶由声近,正合方言音转而变;而大小徐以'𡩆'作'甾'音作'侧词切'者误也!孙诒让《名原》谓:'《说文》四字,古文作𠀁,籀文作亖。考金文、甲文皆作亖,要以积画为近古,未必皆出史籀后。疑亖为古文,𠀁为籀文,许书传写误易耳。'今考《三体石经》古文四字正皆作亖,而后知孙说之不刊!吴大澂《字说》谓:'《尚书》宁人之宁,乃文字之误。'历举古文文字有从心者,与宁字相似。今考石经'宁'之古文,确可为'文'字之变形,而后知吴说之不刊!"见《说文解字诂林》后序。虽声名不如罗、王二氏,然亦当代订许之一家也!然丁氏之所以订许者,盖取资于《三体石经》者少,而资之唐僧慧琳、辽僧希麟正续《一切经音义》引许书者多;据以补《说文逸字》,补《说文》说解中夺字,补《说文》说解中逸句,订正《说文》说解中删改之句,订正《说文》说解中传写之讹,考订《说文》某声,具见《一切经音义汇编自序》。惟丁氏之旨,在雠正许书写刻之讹夺而已,与庄述祖、吴大澂以下诸人之致难于许者意又有殊。丁氏诵许书三十年,搜藏许学之书,自南唐大小徐以迄晚近章炳麟、罗振玉、王国维诸家,积七百余卷,依许书次第,逐字编注,纂《说文解字诂林》五百余卷,而孜砣未有已。盖吾乡人之劬于许学者,莫之或先也!余籀诵许书,未遑博涉,粗述诵览,以当启蒙而缀写目之后。

# 许慎《说文解字叙》

古者庖犠氏之王天下也，仰则观象于天，俯则观法于地，视鸟兽之文与地之宜，近取诸身，远取诸物，于是始作《易》八卦以垂宪象。及神农氏结绳为治而统其事，庶业其繁，饰伪萌生。黄帝之史仓颉见鸟兽蹄远之迹，知分理之可相别异也，初造书契，百工以乂，万品以察，盖取诸《夬》。夬扬于王庭，言文者宣教明化于王者朝廷，君子所以施禄及下，居德则忌也。

仓颉之初作书，盖依类象形，故谓之文。其后形声相益，即谓之字。文者物象之本；字者言孳乳而浸多也。著于竹帛谓之书，书者如也。以迄五帝、三王之世，改易殊体，封于泰山者七十有二代，靡有同焉。《周礼》八岁入小学。保氏教国子，先以六书：一曰指事。指事者，视而可识，察而见意，上、下是也。二曰象形。象形者，画成其物，随体诘诎，日、月是也。三曰形声。形声者，以事为名，取譬相成，江、河是也。四曰会意。会意者，比类合谊，以见指㧑，武、信是也，五曰转注。转注者，建类一首，同意相受，考、老是也。六曰假借。假借者，本无其事，依声托事，令、长是也。及宣王太史籀著《大篆》十五篇，与古文或异。至孔子书《六经》，左丘明述《春秋传》，皆以古文，厥意可得而说。其后诸侯力政，不统于王，恶礼乐之害己，而皆去其典籍。分为七国，田畴异晦，车途异轨，律令异法，衣冠异制，言语异声，文字异形。秦始皇帝初兼天下，丞相李斯乃奏同之，罢其不与秦文合者。斯作《仓颉篇》，中车府令赵高作《爰历篇》，太史令胡毋敬作《博学篇》，皆取史籀大篆，或颇省改，所谓小篆者也。是时秦烧灭经书，涤除旧典。大发隶卒，兴役戍，官狱职务繁，初有隶书，以趣约易；而古文由此绝矣!

自尔,秦书有八体:一曰大篆;二曰小篆;三曰刻符;四曰虫书;五曰摹印;六曰署书;七曰殳书;八曰隶书。汉兴,有草书。《尉律》:学童十七已上,始试,讽籀书九千字,乃得为吏,又以八体试之,郡移太史并课最者以为尚书史。书或不正,辄举劾之。今虽有尉律,不课;小学不修,莫达其说久矣。孝宣时,召通《仓颉》读者,张敞从受之。凉州刺史杜业、沛人爰礼、讲学大夫秦近亦能言之。孝平时,征礼等百余人,令说文字未央廷中,以礼为小学博士。黄门侍郎扬雄采以作《训纂篇》,凡《仓颉》已下十四篇,凡五千三百四十字,群书所载,略存之矣。

及亡新居摄,使大司空甄丰等校文书之部,自以为应制作,颇改定古文。时有六书:一曰古文,孔子壁中书也。二曰奇字,即古文而异者也。三曰篆书,即小篆,秦始皇帝使下杜人程邈之所作也。四曰佐书,即秦隶书。五曰缪篆,所以摹印也。六曰鸟虫书,所以书幡信也。

壁中书者,鲁恭王坏孔子宅而得《礼记》、《尚书》、《春秋》、《论语》、《孝经》。又北平侯张苍献《春秋左氏传》。郡国亦往往于山川得鼎彝,其铭即前代之古文,皆自相似;虽叵复见远流,其详可得略说也。而世人大共非訾,以为好奇者也,故诡更正文,向壁虚造不可知之书,变乱常行以耀于世。诸生竞逐说字解经谊,称秦之隶书为仓颉时书,云父子相传,何得改易?乃猥曰"马头人为长"、"人持十为斗"、"虫者屈中也"。廷尉说律,至以字断法,苛人受钱,苛之字,止句也。若此者甚众,皆不合孔氏古文,谬于史籀。俗儒鄙夫,玩其所习,蔽所希闻,不见通学,未尝睹字例之条,怪旧艺而善野言,以其所知为秘妙,究洞圣人之微旨。又见《仓颉篇》中"幼子承诏",因号古帝之所作也,其辞有神仙之术焉。其迷悟不谕,岂不悖哉!

《书》曰:"予欲观古人之象。"言必遵修旧文而不穿凿。孔子曰:"吾犹及史之阙文,今亡矣夫。"盖非其不知而不问,人用己私,是非无正,巧说衺辞,使天下学者疑。盖文字者经艺之本,王政之始,前人所以垂后,后人所以识古,故曰"本立而道生",知天下之至赜而不可乱也。今叙篆文,合以古籀,十四篇,五百四十部,九千三百五十三文,重一千一百六十三,解说凡十三万三千四百四十一字。其建首也,立一为耑,方以类聚,物以群分;同牵条属,共理相贯,杂而不越;据形系联,引而申之以究万原;毕终于亥(十四篇以下八十二字,本在第十五下篇,今移置此,以便诵解)。博采通人,至于小大,信而有证;稽撰其说,将以理群类,解谬误,晓学者,达神恉。分别部居,不相杂厕,万物咸睹,靡不兼载。厥谊不昭,爰明以谕。其称《易》孟氏、《书》孔氏、《诗》毛氏、《礼》周官、《春秋左氏》、《论语》、《孝经》,皆古文也。其于所不知,盖阙如也。

**考证:**

黄帝之史仓颉。○金坛段玉裁《说文解字注》曰:"'仓'或作'苍'。按《广韵》云:'仓姓,仓颉之后。'则作'苍'非也。"东莞容庚《金文编自序》曰:"古之作书者,世传自仓颉始。《荀子·解蔽篇》曰:'好书者众矣,而仓颉独传者,壹也。'《韩非子·五蠹篇》曰:'古者仓颉之作书也,自环者谓之厶,背厶谓之公。公厶之相背也,乃仓颉固以知之矣。'《吕氏春秋·君守篇》曰:'仓颉作书。'是皆言仓颉作书,而不详其为何代人也。寖假而《说文叙》言'黄帝之史仓颉',《论衡·骨相篇》言'仓颉四目为黄帝史'矣。考'仓颉'二字,《说文》:'仓,从食省,口象仓形。''颉从页,吉声。'一为会意兼象形字,一为形声字,皆非初文所宜有,则仓颉之有无其人未可知。"

仓颉之初作书,盖依类象形故谓之文;其后形声相益,即谓之字。○吴县江声据此以断"六书始于造字之初",详见所著《六书说》。不惟揆之进化之顺序为不可通,且非许君《叙》本意如此。盖"其后形声相益即谓之字"句,明与"仓颉之初作书,盖依类象形故谓之文"句为对文,而指"仓颉以后",叙意甚明。段玉裁《说文解字注》曰:"仓颉有指事、象形二者之文而已。其后文与文相益而为形声,为会意,谓之字;如《易》本只八卦,卦与卦相重而得六十四卦也。"此说得之。

　　形声者,以事为名,取譬相成,江、河是也。〇安邱王筠《说文释例》曰:"形声之江、河两字,工可第取其声而已,毫无意义,此例之最纯者。推而广之,则有兼意者矣。义寄于声,诚为造字之本,亦为用字之权。"博按:王氏既谓"义寄于声,为造字之本",是固明明知声义相连,声中有义,义在声中;乃谓"形声字毫不取义者,为形声最纯之例",斯盖忽视许君"以事为名,取譬相成"之说而未之思耳。夫事之与名,一理相通,乃宾实之异;义不可通,何能取譬?意不可合,安得相成?准许之言,无声不义。诚以言语之起,先于文字。文字之起,依于声音。若事不相通,义不相成,古文又安得取譬同一之声以为名乎?此声义不可相离之理也。但义之所涵者广,犹物形之具六面,故一字引伸得兼多义;相字而合,各有攸宜;然亦殊途同归,不背其本。江、河从工、可得声,亦有取譬之义,匪如王氏所谓"第取其声,毫无意义"也。考"工"训"巧饰也,象人有规榘",段玉裁注:"直中绳,二平中准,是规矩也。"然细审其形,有纵横之象。且匠人饰物而施规矩,其画式也,必先横而后纵,核其行事,与象实同。长江之水,一泻千里,横亘中国;故江从工得声,取譬"横亘"之意也。其他若"虹"、"扛"、"杠"、"釭"、"项"从"工"得声者,皆取"横亘"、"亘直"之义。"讧"从"工"得声者,取"纵横不一"之意。工字横即句,竖即股;凡工之事,一规巨尽之;圆出于方,方出于巨,巨之法,一句股尽之,故"巨"从"工"而训"规巨"也。河从可得声;"可"训"肯",有委曲相从意。可从𠃌得声;𠃌,反丂也,读若呵,谓气之舒也;气之舒出也,其形诘诎,故"可"有"委曲衔接"之意。黄河九曲,不似长江之横直,故从"可"得声。其他若"疴"、"何"、"砢"、"奇"皆取象于"委曲"。"轲"则取"委曲衔接"之意。"娿"则取义于"委曲随从"。何谓"第取其声,毫无意义"耶?试再举例以明之。如"仲,中也,从人,中声。"《释名》曰:"仲,中也,言位在中也。""衷,里亵衣也,从衣,中声。""忠,敬也,从心中声。"《论语》"忠恕而已矣",《皇疏》谓"尽中心"。此取譬"中声"而其义相成者也。"延,正行也,从廴,正声。""証,谏也,从言,正声。"按証亦为證,證必得其正也。"政,正也,从攴,正声。"《释名》曰:"政,正也,下所取正也。"此取譬"正声"而其义相成者也。"诹,聚谋也,从言,取声。""聚,贪也,从㐺,取声。""娶,取妇也,从女,从取,亦声。"此取譬"取声"而其义相成者也。然则形声之声,取譬同义;而义在声中,匪无意义也。

转注者,建类一首,同意相受,考、老是也。○博按:转注之说有三:(一)部首之说。南唐徐锴《说文解字系传》曰:"'转注者,建类一首,同意相受。'谓老之别名,有耆,有耋,有寿,有耄,又孝子养老是也。'一首'者,谓此孝等诸字,皆取类于老,则皆从老;若松柏等,皆木之别名,皆同受意于木,故皆从木,后皆象此。转注之言,若水之出源,分歧别派,为江为汉,各受其名,而本同主于一水也。"此义最古。其后清儒江声袭其说,以为"'建类一首',即始一终亥五百四十部之首,而下云'凡某之属皆从某',即'同意相受'。"详见所著《六书说》。自书勒石,谓发千古不传之秘,而不知为徐锴所已言。盖造字之初,苦难孳乳,依类象形以立一部首,而其后同类之字,即依之以形声相益,而生生不穷矣!此转注之所以为六书之妙用也。(二)互训之说。义稍后起。清儒戴震《答江慎修论小学书》曰:"转注之云,古人以其语言立为名类。通以今人语言,犹曰'互训'云尔。转相为注,互相为训,古今语也。《说文》于'考'字训之曰'老也';于'老'字训之曰'考也';是以序中论转注举之。《尔雅·释诂》有多至四十字共一义者,其六书转注之法欤?别俗异言,古雅殊语,转注而可知。故曰'建类一首,同意相受'。"段玉裁注:"转注,犹'互训'也。注者灌也,数字展转互相为训,如诸水相为灌注,交输互受也。转注者,所以用指事、象形、形声、会意四种文字者也。数字同义,则用此字可,用彼字亦可;汉以后释经谓之注,出于此。"即本戴氏之说。信如所言,则是数字而当一字之用也。古人造字不多,虽必不可缺之字,不周于用,而其体无从生,犹将依声托事,假借以济其穷,岂有数字同义而造以当一字之用者乎?此不可通之说也。然近儒仪征刘师培犹盛推衍其说而为之辞,谓:"上古之时,一义仅有一字,一物仅有一名,后因方言不同,乃各本方言造文字,故义同而形不同,音必相近。戴氏所谓'别俗异言,古雅殊语,转注而可知'者也。"刘氏又举《尔雅》为证;谓:"《尔雅·释诂》于字之一义数字者,互相训释,即为转注之公例,然音概相近。如哉、基、胎皆训为始,洪、庬、旁、弘、穹、戎六字皆训为大,而音多相近。"夫以《尔雅》为转注之书,本是戴、段旧说。然按之《尔雅》,初、首、肇、祖、元、俶、落、权、舆九字与哉、基、胎三字同训为始,而音不近于始,且不必互相近。洪、庬、旁、弘、穹、戎六字皆训为大,而音不必近于大;且庬、旁二字之音,又不必与洪、弘、穹、戎相近。则是义同而形不同者,音不必相近也。(三)声类之说,最为新义。近儒余杭章炳麟《转注假借说》曰:"许君'建类一首'四字,'类'为'声类',郑君《周礼序》云'就其原文字之声类'。考、老同在幽类,其义相互容受,其音小变;按形体成枝别,审语言同本株,虽制殊文,其实公族也。非直考、老,言寿者亦同;《诗·鲁颂·传》:寿,考也。考、老、寿皆在于幽类。循是以推,有双声者,有同音者,其条例不异;适举考、老叠韵之字以示一端,得包、彼二者矣。"因历引字之相互训者,如"霁"与"霎",《说文》:霁谓之霎。庸与用,标与杪,《说文》:标,木杪末也。杪,木标末也。晏与嚜,《说文》:晏,天清也。燕,星无云也。聋与憒,垚与尧,《说文》:垚,土高也。尧,高也,皆叠韵也。屏与藩,雁与鹅,亡与无,谋与谟,媪与妪,爨与炊,皆双声也。其训诂相同,而声音相转,为一语之变,若是者谓之转注。类谓"声类",不谓"五百四十部"也。"首"谓"声首",不谓"凡某之属皆从某"也。盖仍推衍戴、段互训之说而以为"建类一首"者,盖立一声类以为之首。"首"者今所谓"语基",其后虽因双声叠韵,辗转递变,而总不离此语基也。视戴、段之说为博通矣!然博以为不如部首之说于许君《序》为有据也。许君叙五百四十部部首而卒言之曰:"此十四篇,五百四十部,九千三百五十三文,其建首也,立一为崮,方以类聚,物以群分;同牵条属,共理相贯,杂而不越,据形系联。"所以发凡起例,明无背于转注之法,而重申"建类一首,同意相受"之指也。曰"其建首也,立一为崮,方以类聚,物以群分",非所谓"建类一首"者耶?曰"同牵条属,共理相贯,杂而不越,据形系联",非所谓"同意相受"者耶?曰"据形系联",则非"声类"可知。故曰"不如部首之说于许君《叙》为有据"也。

及宣王太史籀著《大篆》十五篇,与古文或异。○海宁王国维《史籀篇疏证序》曰:"班《志》、许《序》以史籀为周宣王太史,其说盖出刘向父子。考《周礼·春官》大史职、小史职、内史职,古之书皆史读之。《说文》云:'籀,读也。'又云:'读,籀书也。'籀书为史之专职。昔人作字书者,其首句盖云'大史籀书'以目下文;后人因取首句史籀二字以名其篇;此古书之通例。'大史籀书',犹云'大史读书';《太史公自序》言'紬石室金匮之书',犹用此语。刘、班诸氏不审,乃以史籀为著此书之人,其官为大史,其生当宣王之世。"其说新颖可喜。然博按:《汉书·艺文志·六艺略》载"《史籀》十五篇",注:"周宣王太史,作《大篆》十五篇,建武时亡六篇矣。"又曰:"《史籀篇》者,周时史官教学童书也,与孔氏壁中古文异体。"举凡作者之仕历,篇数之存亡,暨于字体之奚异,罔所不备悉;是岂得曰不审《史籀篇》者?许君《序》称:"周宣王太史籀著《大篆》十五篇,与古文或异。"王氏言:"其所谓'籀文与古文或异'者,非谓史籀大篆与史籀以前之古文或异;而实谓许君所见《史籀》九篇与其所见壁中书时或不同。"见王氏《说文所谓古文说》。则是许君之见《史籀》九篇而审其与所见壁中书时或不同;王氏且明言之矣。盖刘、班、许及见《史籀篇》原书,而王氏则就《说文》所存《史籀篇》遗字而为臆测之辞;其曰"昔人作字书者,其首句,盖云'大史籀书'以目下文,后人因取首句'史籀'二字以名其篇。"曰"盖云",盖亦存疑而未敢论定之云焉尔。假如王氏所说"《史籀篇》之首语曰'大史籀书'",开宗明义,展卷可知;而"籀"、"读"互训,即出《说文》;许君岂如师丹之善忘,而胥待王氏千载以后之提命者?至王氏谓"《诗》、《书》及周秦诸子,大抵以首句二字名篇;此古代书名之通例"。然古人著书,以作者姓名爵谥题目;此亦古代书名之通例。而据《汉书·艺文志》所睹记:六艺则有《易》之《孟氏京房》十一篇,《京氏段嘉》十二篇;《礼》之《曲台后苍》九篇。诸子则有儒家之《子思》二十三篇,《李克》七篇,《宁越》一篇,《公孙固》一篇,《陆贾》二十三篇,《刘敬》三篇,《贾山》八篇,《贾谊》五十八篇,《董仲舒》百二十篇,《兒宽》九篇,《公孙弘》十篇,《终军》八篇,《吾丘寿王》六篇,《庄助》四篇,《臣彭》四篇;道家之《伊尹》五十一篇,《辛甲》二十九篇,《力牧》二十二篇,《曹羽》二篇,阴阳家之《公孙发》二十二篇,《南公》三十一篇,《张苍》十六篇,《冯促》十三篇,《周伯》十一篇,《公孙浑邪》十五篇;法家之《晁错》三十一篇;名家之《邓析》二篇;纵横家之《庞煖》二篇,《邹阳》七篇,《主父偃》二十八篇,《徐乐》一篇,《庄安》一篇;杂家之《伍子胥》八篇,《由余》三篇,《尉缭》二十九篇,《东方朔》二十篇,《公孙尼》一篇;农家之《董安国》十六篇,《氾胜之》十八篇,《蔡葵》一篇。兵书则有权谋之《公孙鞅》二十七篇,《吴起》四十八篇,《范蠡》二篇,《婤》一篇,《庞煖》三篇,《兒良》一篇,《韩信》三篇;形势之《蚩尤》二篇,《孙轸》五篇,《繇叙》二篇,《王孙》十六篇,《尉缭》三十一篇,《李良》三篇;阴阳之《封胡》五篇,《力牧》十五篇,《鬼容区》三篇,《东父》三十一篇,《苌弘》十五篇;技巧之《五子胥》十篇。数术则有五行之《猛于间昭》二十五卷。凡六十家(庞暖、尉缭、力牧、师旷、伍子胥重出者不计)。八百四十八篇二十五卷。其他著姓而冠以子或氏者,更难以仆数终也。此古书之以作者姓氏名号题篇者也。又六艺则有春秋之《太史公》百三十篇。诸子则有儒家之《魏文侯》六篇,《平原君》七篇;道家之《太公》二百三十七篇;阴阳家之《杜文公》五篇;农家之《神农》二十篇。兵书则有权谋之《广武君》一篇;形势之《魏公子》二十一篇;阴阳之《黄帝》十六篇,《风后》十三篇。凡九家三百二十五篇。此又古书之以作者爵谥官号名篇者也。至《史籀》十五篇,盖古书之以作者之名题篇而冠以官位者;如此之类,盖亦数见不鲜;诸子则有儒家之《周史六弢》六篇，原注：惠、襄王之间，或曰显王时，或曰孔子问焉。博按：六弢，疑大弢之讹，史之名也。《庄子·则阳》有"仲尼问于大史大弢"，疑即其人也。《钩盾兄从李步昌》八篇；宋祁曰：兄当作冗。道家之《郎中婴齐》十二篇；阴阳家之《宋司星子韦》三篇；墨家之《尹佚》二篇；王国维曰："尹字从又持丨，象笔形。持中为史，持笔为尹。内史之长曰内史尹，亦曰作册尹，其职在书王命与制禄，命官；与太师同秉国政。故《诗·小雅》曰：'赫赫师尹，民具尔瞻。'"见《释史》。然则尹佚即尹佚也。纵横家之《秦零陵令信》一篇，《待诏金马聊苍》三篇；小说家之《师旷》六篇。兵书则有权谋之《大夫种》二篇；阴阳之《师旷》八篇；凡九家六十一篇。此古书之以作者之名题篇而冠以所官者也。曰史籀者，盖史以著其官；籀以章其名，亦如《周史六弢》、《郎中婴齐》、《尹佚》、《师旷》、《大夫种》诸家之比耳。奚独以疑于史籀？考之记传，言史某者不一：周有"史佚"见《周书·世俘》、《左氏·僖十五年传》、《周语上》；"史扃"见《文选注》引《六韬》；"太史辛甲"见《左氏·襄四年传》、《晋语》、《韩非》、《说林》；"太史周任"见《论语》、《左氏·隐六年传》；"左史戎夫"见《周书》、《史记》；"史角"见《吕览·当染》；"史伯"见《郑语》；"内史过"见《左氏·庄三十二年传》、《周语上》；"内史叔兴"见《左氏·僖十六年、二十八年传》、《周语上》；"内史叔服"见《左氏·文元年传》；"太史儋"见《史记·老子传》；"史大弢"见《庄子·则阳》；虢有"史嚚"，见《晋语二》；晋有"史赵"，见《左氏·襄三十年传》；楚有"左史倚相"，见《左氏·昭十二年传》；有"史皇"，见《定四年传》；赵有"史墨"，见《昭二十九年传》，其他类此者众，周不冠"史"以著其官，曰"某"以章其名，皆史籀之比也；奚独以疑于史籀？使执"籀"、"读"之互训，而可望文生义，臆说史籀曰"太史读书"；使持"佚"有放失之义，而说"史佚"曰"史阙文"；"扃"有"闭关"之义，而说"史扃"曰"史闭门"；"墨"有"书墨"之义，而说"史墨"曰"史书墨"；谓一切无其人，可乎？博按：刘向、歆仍父子相继领校中五经秘书，见《汉书》本传；《汉书·固叙传》自称"永平中为郎，典校秘书"；而许君"以诏书校书东观"，见许君《序》附《冲书》；岂皆不通古今者;其于史籀,表其官曰"太史",著其生世曰"周宣王",词意凿然,必有所据,未可以晚出意必之谈而废之也!

秦始皇帝初兼天下;丞相李斯乃奏同之,罢其不与秦文合者。斯作《仓颉篇》,中车府令赵高作《爰历篇》,太史令胡毋敬作《博学》,皆取史籀大篆,或颇省改;所谓小篆者也。是时秦烧灭经书,涤除旧典。大发隶卒,兴役戍;官狱职务繁,初有隶书以趣约易;而古文由此绝矣!○海宁王国维《史籀篇疏证序》曰:"史篇文字就其见于许书者观之,固有与殷周间古文同者。然其作法大抵左右均一,稍涉繁复,象形象事之意少,而规旋矩折之意多;推其体势,实上承石鼓文,下启秦刻石,与篆文极近。至其文字出于《说文》者才二百二十余。然班固、许慎谓《仓颉》、《爰历》、《博学》三篇文字,多取诸《史籀篇》。……《史籀》十五篇,文成数千,而《说文》仅出二百二十余字,其不出者必与篆文同者也。考战国时,秦之文字,如传世《秦大良造鞅铜量》,乃孝公十六年作,其文字全同篆文。《诅楚文》摹本文字,亦多同篆文,而殹、蠭、剗、竟四字,则同籀文。篆文固多出于籀文,则李斯以前秦之文字,谓之用篆文可也;谓之用籀文亦可也。则《史籀篇》文字,秦之文字,即周、秦西土之文字也。至许书所出古文,即孔子壁中书,其体与籀文、篆文颇不相近,六国遗器亦然。壁中古文者,周、秦间东土之文字也。然则《史籀》一书,殆出宗周文胜之后,春秋、战国之间,秦人作之以教学童,而不行于东方诸国;故齐、鲁间文字作法体势与之殊异;诸儒著书口说,亦未有及之者;惟秦人作字书,乃独取其文字,用其体例;是《史篇》独行于秦之一证。"又《战国时秦用籀文六国用古文说》曰:"秦之小篆,本出大篆;而《仓颉》三篇未出,大篆未省改以前,所谓'秦文',即籀文也。六艺之书,行于齐、鲁,爰及赵、魏而罕流布于秦,犹《史籀篇》之不行于东方诸国。其书皆以东方文字书之;汉人以其用以书六艺,谓之古文;而秦人所罢之文与所焚之书,皆此种文字;是六国文字,即古文也。观秦书八体中有大篆,无古文,而孔子壁中书与《春秋左氏传》凡东土之书,用古文,不用大篆;是可识矣。故古文籀文者,乃战国时东西二土文字之异名。自秦灭六国以至楚汉之际,十余年间,六国文字,遂遏而不行;汉人以六艺之说,皆用此种文字,又其文字为当日所已废,故谓之古文。此语承用已久,遂若六国之古文,即殷、周之古文,而籀篆皆在其后,如许叔重《说文序》所云者,盖循名而失其实矣!"博按:王氏谓"秦之小篆,本出大篆"。《汉书·艺文志》暨许君《叙》称"秦丞相李斯等所作《仓颉》、《爰历》、《博学》三篇,文字多取《史籀篇》,而篆体省改,或复颇异",叙次本自明白。而许君《叙》史籀著《大篆》十五篇,厕之六书既备之后,著于周宣王之世,而又为秦篆之所本;则王氏所称"《史籀》体势,上承石鼓,下近秦篆,与篆文极近",亦固其所,无足怪者。惟《汉书·艺文志》曰:"《史籀篇》者,周时史官教学童书也。"而王氏乃强改之曰:"《史籀》一书,秦人作之以教学童。"而不言何据。博按:保氏教国子六书,著于《周官》,而《礼记·内则》亦载"子十年出就外傅,学书计",书谓六书;则是周制教学童文字六书,典籍有征。而秦人虏使其民,并心于进取,未尝以文教为意;何有作史籀以教学童之事?斯为不根之谭,奚待论者?至王氏谓"古文籀文,乃战国时东西二土文字之异名"。盖以"六艺之书,皆书以东方文字,即古文,行于齐、鲁,爰及赵、魏而罕流布于秦;犹《史籀篇》之不行于东方诸国。汉人以其用以书六艺,故谓之古文也。"斯尤凿空无稽。而据博所睹记;则春秋、战国之间,六艺之书,未尝不流布于秦;而秦人未尝艰通六国之文书。迄并天下以后,亦有书以秦篆之六艺,传之其人,所谓今文家言者是也。何以知其然?按《史记·商君列传》叙赵良见商君,再引"诗曰",一引"书曰";而商君曰"子不说吾治秦钦?"《乐书》:"秦二世尤以为娱。丞相李斯进谏曰:'放弃《诗》、《书》。'"则是《诗》、《书》岂罕流布于秦而为所不称说者耶?然李斯故楚人,而赵良或系六国人之客于秦者,未可为信。博又按之《春秋左氏·僖十五年传》载"秦伯伐晋,卜徒父筮之吉,其卦遇《蛊》,曰:'蛊之贞,风也;其悔,山也。'"注:"徒父,秦之掌龟卜者。"则是秦人卜用《易》而《易》流布于秦之证也。《史记·秦本纪》"由余观秦。

缪公怪之,问曰:'中国以《诗》、《书》、《礼》、《乐》法度为政。'"则是秦人称说《诗》、《书》、《礼》、《乐》,而《诗》、《书》、《礼》、《乐》流布于秦之证也。又丞相李斯曰:"非博士官所职,天下敢有藏《诗》、《书》百家语者,悉诣守尉杂烧之。"则是秦禁《诗》、《书》流布民间而故藏博士之证也。且《诗风》采《秦》,康公有刺;《书》终《秦誓》,以休缪公;皆在春秋之世;而《诗》、《书》序删自孔子,六艺之文,亦有采及秦者;则是秦文流布东方诸国之证;而匪如王氏臆想"秦文《史籀篇》之不行于东方诸国,犹六艺之罕流布于秦"也。使如王氏所云"秦文《史籀》不行于东方诸国;故齐、鲁间文字作法体势与之殊异;诸儒著书口说,亦未有及之者",则是东西二土,文字悬隔,而东方诸国之著书,当非秦人所能通其读者。然《史记•老庄申韩列传》叙韩非善著书,人或传其书至秦。秦王见《孤愤》、《五蠹》之书;曰:"嗟乎!寡人得见此人与之游,死不恨矣!"李斯曰:"此韩非之所著书也。"按韩非,韩之诸公子也,其写定著书,自当用王氏所谓"六国文字"即"古文"者。然人或传其书至秦,秦王见之而嗟,未尝如汉宣帝之以《仓颉》多古字而召通《仓颉》读者,则是秦人未尝艰通六国之文书也。且韩非之著书,尚或有人传至秦,宁有久经流传之《诗》、《书》、"六艺"而罕流布于秦者?意者王氏生今之世,徒见东西洋文字之不同,遂悬想春秋、战国之间,东西二土文字之异,当亦如此。不知春秋百二十国,车涂同轨;下逮战国七雄,合纵连横,亦壤土犬牙相错,匪近日东西洋之重洋悬隔可比。而会盟交聘之事,无日不书;亦未闻大夫出疆,国书载聘,有如今日之象鞮寄译。孔子生春秋之季,尚曰"今天下,书同文";而七国之所谓"文字异形",当不过假省别体,大同小异;如后世所见钟鼎、彝器、刻文之或体耳。许君《叙》称"李斯奏同之,罢其不与秦文合者"。推言外之意,当必有七国文字与秦文合者,不在斯所奏罢之列;以其或有殊体,而推厥所自,同用史籀也。按《史记•秦始皇本纪》载:"二十六年,秦初并天下;书同文字。三十四年,丞相李斯奏:'非博士官所职,天下敢有藏《诗》、《书》百家语者,悉诣守尉杂烧之;有敢偶语《诗》、《书》,

弃市。'"前后相距八年,方当李斯既奏同文字,未奏禁《诗》《书》之
日,《诗》《书》传诵民间,自当用秦文写定之本;功令所在,可断言者。
考汉之今文《尚书》,出故秦博士伏生。《汉书·艺文志》六艺略称"秦
燔书尽学,济南伏生独壁藏之;汉兴亡失;求得二十九篇,以教齐、鲁
之间。讫孝宣世,有欧阳、大小夏侯氏。古文《尚书》者,出孔子壁中。
武帝末,鲁共王坏孔子宅,欲以广其宫,而得古文《尚书》,皆古字也。"
则欧阳、大小夏侯所传,伏生藏壁二十九篇之无古字,与古文《尚书》
不同可知。《史记·儒林列传》曰:"孔氏有古文《尚书》,而安国以今
文读之,因以起其家,逸书得十余篇。"所谓"安国以今文读之"者,《索
隐》说:"安国以今文雠古篆隶,推科斗以定五十余篇。"盖据古文《尚
书》二十九篇之今文所有者,因以推定古文某形之为今文某文,逐字
雠读,明其大较;然后以读今文之所无,而知二十九篇外之"逸书,得
十余篇";是即伏生壁藏于秦燔书之日,而汉兴求之之所亡失,故曰
"逸书"也。然则安国之"以今文读"者,乃据伏生二十九篇今文以考
读《尚书》古文之字,而匪如王氏所谓"句读之读"。见王氏《史记所谓古
文说》。《汉书·儒林传》增一"字"字,曰"孔安国以今文字读之",意益
明显。又《艺文志》称"孔安国得古文《尚书》以考二十九篇,得多十六
篇",是即《儒林传》所称"孔安国以今文字读之"者也。"今文"者,伏
生二十九篇之写定以秦篆书者也。则是《尚书》之有秦篆书本也。
《艺文志》又叙"秦燔书,而《易》为卜筮之事,传者不绝。汉兴田何传
之,讫于宣、元,有施、孟、梁丘、京氏,列于学官。刘向以中古文《易
经》校施、孟、梁丘经,或脱去无咎、悔亡。"则是《易》之有秦篆书本,与
古文《易经》不同也。又《艺文志》称:"汉兴,高堂生传《士礼》十七篇;
讫孝宣世,后仓最明;戴德、戴圣、庆普皆其弟子;三家立于学官。《礼
古经》者,出于鲁淹中及孔氏;与十七篇文相似,多三十九篇。"犹古文
《尚书》之以考二十九篇,得多十六篇。则是高堂《士礼》十七篇之为
秦篆书本,不同《礼古经》也。又《艺文志》载"《春秋古经》十二篇,
《经》十一卷",而"《经》十一卷"之下,注《公羊》、《穀梁》二家。《论语》

"古二十一篇"，注"出孔子壁中，两《子张》"；《齐》二十二篇"，"《鲁》二十篇"。《孝经》"古孔氏一篇"，注："二十二章；师古曰：'刘向云古文字'也。""《孝经》一篇"，注"十八章；长孙氏、江氏、后氏、翼氏四家"。叙称《孝经》者，汉兴，长孙氏、博士江翁、少府后仓、谏大夫翼奉、安昌侯张禹传之，各自名家；经文皆同；惟孔氏壁中古文为异"。则是《春秋》公羊、穀梁之二家《经》十一卷，《论语》之《齐》二十二篇、《鲁》二十篇，《孝经》之长孙氏四家皆用秦篆写定其书，不同壁中古文也。由是观之：自李斯奏同文字之后，而孔氏壁中书未发以前，六艺之书，只有秦篆写本；迨孔氏壁中书发于孝武之世，乃有古文本与秦篆本并行；而秦篆本谓之今文，以别于壁中书之古文；马《史》、班《书》，胪叙甚明；何有如王氏所称"汉人以六艺之书皆用古文"之事？王氏又谓"《艺文志·六艺略》诸经之冠以古字者，所以别其家数，非以其文字"。见王氏《汉书所谓古文说》。此尤似是而非之谈也。不知经学之所以别今古文者，其初本起于文字之不同而后因以别其学派。《汉志》所称"刘向以中古文《易经》校施、孟、梁丘《经》，或脱去无咎、悔亡"；"古文《尚书》者，出孔氏壁中，皆古字也"；《孝经》长孙氏等各自名家，惟孔氏壁中古文为异"；所谓"古文"者，皆明指文字而言；岂如王氏所言"非以其文字"乎？斯又"遁辞知其所穷"者矣！

是时秦烧灭经书，涤除旧典。大发隶卒，兴役戍，官狱职务繁，初有隶书，以趣约易；而古文由此绝矣！自尔秦书有八体，一曰大篆。○金坛段玉裁《说文解字注》曰："不言古文者，古文在大篆中也。"博按：秦书八体不言古文者，自以古文之绝。许君《叙》上文明言"古文由此绝矣"。《太史公自序》曰："秦拨去古文。"此亦"古文自秦绝"之一证。段《注》非是。

《尉律》："学童十七已上，始试讽籀书九千字，乃得为史。"○金坛段玉裁《说文解字注》曰："籀文字数不可知。《尉律》'讽籀书九千字，乃得为史'，此'籀'字训读书，与宣王太史籀，非可牵合。或因之谓'籀文有九千字'，误矣！"海宁王国维《史籀篇疏证序》曰："张怀瓘谓

'籀文凡九千字,《说文》字数与此适合,先民谓即取此而释之'。近世孙氏星衍序所刊《说文解字》犹用其说。此盖误读《说文叙》也。《说文叙》引汉《尉律》'讽籀书九千字',讽籀即讽读;《汉书·艺文志》所引无籀字可证。且《仓颉》三篇仅三千五百字;加以扬雄《训纂》亦仅五千三百四十字;不应《史籀篇》反有九千字。"

孝宣时,召通《仓颉》读者;张敞从受之。凉州刺史杜业、沛人爰礼、讲学大夫秦近亦能言之。孝平时,征礼等百余人,令说文字未央廷中;以礼为小学博士。○博按:此可以证古文之在汉时,非尽人所能通读。金坛段玉裁《说文解字注》曰:"《艺文志》曰:'《仓颉》多古字,俗师失其读。宣帝时,征齐人能正读者。张敞从受之,传至外孙之子杜林,为作训故。'按云'《仓颉》多古字'者,谓《仓颉篇》中大半古文大篆;'俗师失其读'者,失其音义也;'正读'者,正其音义。张敞,字子高,河东平阳人。杜业,字子夏,本魏郡繁阳人也;其母张敞女,从敞子吉学问,得其家书。吉子竦,又从业学问,亦著于世;尤长小学。业子林,亦有雅材,其正文字过于业、竦。《孝平纪》:'元始五年,征天下通知逸经、古记、小学、《史篇》教授者,在所为驾一封轺传遣诣京师。至者数千人。'《王莽传》曰:'元始四年,征天下通一艺教授十一人以上,及有《逸礼》、《古书》、《毛诗》、《周官》、《尔雅》、《史篇》文字,通知其意者,皆诣公车,令记说庭中。'纪传所说,正是一事。爰礼等百余人说文字未央庭中,正其时也。礼等通小学《史篇》文字者也。《史篇》,孟康曰:'史籀所作十五篇古文书也。'"盖仓籀古文者,三代之所以,而秦之所废绝;迨汉,俗师失其读,故征能通读者尊显之以为罕贵也。乃海宁王国维作《史记所谓古文说》,谓:"武、昭以后,古文之书,学者如刘子政父子,皆未闻受古文字学而均能读;是古文讫于西京之末,尚非难识。嗣是讫后汉如杜伯山、卫敬仲、徐巡、班孟坚、贾景伯、马季长、郑康成之徒,皆亲见壁中书或其传写之本;然未有苦其难读者。是古文难读之说,起于王仲任辈未见壁中书者;其说至魏晋之间而大盛;不知汉人初未尝有是事。"此矛盾无稽之谈也!使王氏之言而信，博诚不解《汉书·艺文志》所称"《仓颉》多古字，俗师失其读"者何指？"孝宣皇帝召通《仓颉》读者"何事？而"张敞从受"又何为。王氏谓"刘子政父子未闻受古文字学"，独不思张敞之"好古文字"，美阳得鼎，按其铭勒，而谦曰"臣愚不足以迹古文"。师古曰："寻其文迹"，言迹古文之难也。见《汉书·郊祀志》；而其"从受通《仓颉》读者"，则见《艺文志》及许君此叙，固人人之所熟闻也。宁独张敞！《太史公自序》曰："年十岁，则诵古文。"《汉书·儒林传》曰："孔氏有古文《尚书》，孔安国以今文字读之，因以起其家。而司马迁亦从安国问故；迁书载《尧典》、《禹贡》、《洪范》、《微子》、《金縢》诸篇多古文说。"此司马迁受古文字学之证。《左氏传》多古字古言（见《汉书·刘歆传》），而司马迁据《左氏》、《国语》见《汉书·司马迁传》，成一家之言；亦以古文诵习之有素也。不能以史不言"向、歆父子诵古文"，而没"司马迁诵古文"，"司马迁从安国问故"，"张敞从受通《仓颉》读者"三事置不提，而遽断"汉人未尝有古文难读之事"。且王氏既谓"汉人初未尝有古文难读之事"矣，顾又曰"古文难读之说，起于王仲任辈，未见壁中书者"。不知王仲任是汉人乎，抑非汉人乎？博按：《后汉书·王充传》叙"王充字仲任，师事扶风班彪"。其著《论衡·正说篇》，谓："鲁恭王得百篇《尚书》于屋壁中，使使者取视，莫能读者。"自指壁中书初发见而未经孔安国读以今文字之时而言；或者即本所师班彪之说。班彪者非它，班孟坚之父也；宁有如王氏所称"壁中书或其传写之本"，班孟坚之所得亲见；而王仲任与之同时同学，目未经见者？此又不可通之论也！

　　壁中书者，鲁恭王坏孔子宅而得《礼记》、《尚书》、《春秋》、《论语》、《孝经》。又北平侯张苍献《春秋左氏传》。郡国亦往往于山川得鼎彝，其铭即前代之古文，皆自相似；虽叵复见远流，其详可得略说也。而世人大共非訾，以为"好奇者也，故诡更正文，向壁虚造不可知之书，变乱常行以耀于世"。诸生竞逐说字解经谊，称秦之隶书为仓颉时书，云"父子相传，何得改易"，乃猥曰"马头人为长"，"人持十为斗"，"虫者屈中也"。廷尉说律，至以字断法，苛人受钱，苛之字止句也。若此者甚众，皆不合孔氏古文，谬于《史籀》。○博按：许君此言，所以明《说文》所收古文之依据有自。其所依据者：一曰"壁中书"，二曰《春秋左氏传》，三曰"郡国山川鼎彝"。而郡国山川鼎彝之所以可依据者，以"其铭即前代之古文"也。所以知"其铭即前代之古文"者，以许君见"孔子书《六经》，左丘明述《春秋》，皆以古文"；而郡国山川所得之鼎彝，其铭"皆自"与"壁中书"、《春秋左氏传》"相似"故也。"自"之为言自然相似，不待考释也。"皆自相似"之"皆"，即"皆以古文"之"皆"；"皆"之为言，概"壁中书"、《春秋左氏传》二者而言也；文气直贯而下，连读意自明，而鼎彝，汉之所得，史文可征者，《史记·封禅书》、《汉书·郊祀志》叙"武帝即位；李少君见"。上有古铜器，问少君？曰："此器齐桓公十年陈于柏寝。"已而按其刻，果齐桓公器。师古曰："刻，谓器上所铭记。"又《郊祀志》叙宣帝即位，美阳得鼎，献之，下有司议。张敞好古文字，按鼎铭勒，而上议曰："鼎有刻书曰：'王命尸臣，官此栒邑，赐尔旗鸾，黼黻琱戈，尸臣拜手稽首曰，敢对扬天子丕显休命。'臣愚不足以迹古文。窃以传记言之：'此鼎，殆周之所以褒赐大臣，大臣子孙刻铭其先功。'"又有汉武帝元鼎元年，得鼎汾水上一事，以其文镂无款识，故不识录。许君《序》所谓"郡国亦往往于山川得鼎彝，其铭即前代之古文"者，正指此类而言。惟许君《叙》曰"亦往往"，盖致言郡国所得之多，当不止此二事，而史佚不见。吴县潘祖荫《攀古楼彝器款识序》谓"许君书中古文本于经文者，必言其所出。其不引经者，皆凭古器铭识"。其说是也。惟海宁王国维《说文所谓古文说》谓"许君书所有重文古文五百许字，皆出'壁中书'及张苍所献《春秋左氏传》，其在正字中者亦然，未尝据鼎彝。汉代鼎彝所出无多。"然则许君《叙》称"郡国往往于山川得鼎彝"，"往往"二字，岂"无多"之意，将许君造诬以耀于世者耶？纵来者之可诬，宁时论所得容。曰"郡国于山川得"，当有其物；曰"郡国往往于山川得"，必夥其数；耳目毕睹，岂容耀诬？此必不然之事也！王氏谓"许君叙'壁中书者，鲁恭王坏孔子宅而得《礼记》、《尚书》、《春秋》、《论语》、《孝经》。又北平侯张苍献《春秋左氏传》',其示《说文》所收古文之渊源,最为明白矣。至其述山川鼎彝,又分别言之,白'其铭即三代之古文,皆自相似',云'前代之古文'者,所以别于孔壁之古文;云'皆自相似'者,以明与孔壁古文不甚相似也。"特王氏断章取义,不知通贯上下文读而有云耳!博知许君意不如此也。自其分别而言,则许君《叙》之于《春秋左氏传》,曰"北平侯张苍献",曰"又",此亦所以别白于"壁中书"而判其殊出也。宁只鼎彝云尔哉?其述鼎彝曰"郡国往往于山川得",则所以别白于"壁中书"之"鲁恭王坏孔子宅而得",《春秋左氏传》之"北平侯张苍献"也。至曰"其铭即前代之古文,皆自相似",则非别白之辞,而所以会其大同。所谓"前代",即指许君《叙》上文所称"五帝三王之世",在汉代以前者,而非别有所谓"前代"。所谓"前代之古文",即许君上文叙"宣王太史籀著《大篆》十五篇"所"或异"之"古文",亦即"孔子书《六经》,左丘明述《春秋》"所"皆似"之"古文"也。易言之,曰"即前代之古文"云者,即"孔子壁中书"之古文。《春秋左氏传》之"古字古言"在汉代以前者也。故正言之曰"即"。按《史记·项羽本纪》汉王曰:"吾与项羽约为兄弟,'吾翁即若翁'。""即"之为言"即此无它"也。推许君之意,谓郡国所得山川鼎彝之铭,即"孔子壁中书"之"古文",《春秋左氏传》之"古字古言",皆自相似也。使如王氏所言"山川鼎彝之铭自相似,而非与孔壁古文相似,前代之古文,非孔壁之古文",然则所谓"即"者何"即"? 而许君于"其详可得略说也"句下续申之曰"而世人大共非訾,乃猥曰'马头人为长','人持十为斗','虫者屈中','苛字止句',若此者甚众,皆不合孔氏古文,谬于《史籀》。"此正所以反证"郡国所得山川鼎彝,其铭即前代之古文,皆自相似"之不为"马头人长","人持十斗","虫屈中","苛止句";而合孔氏古文,不谬于《史籀》之"即前代之古文";段玉裁注:"鼎彝之铭,则合于孔氏古文"者是也。至王氏引吴县吴大澂谓:"《说文》中古文,皆不似今之古钟鼎;亦不言某为某钟,某为某鼎。字以响拓,以前古器,无毡墨传布;许君未能足征。"此又未然。按王氏言:"拓墨之法。始于南北朝之拓石经,浸假而用以拓秦刻石。"则三代之无石拓可知。然古者封泰山七十二家之文,历见《韩诗外传》、《史记·封禅书》暨许君此《叙》所征引者,岂假石拓而能足征耶?且许君《叙》引"封泰山者七十有二代靡有同",而以征"五帝三王之文改易殊体",傥非目验七十二家之文者,当不能言之凿凿若此!方此之时,宁有石拓耶!况鼎彝铜器,输致匪难,抚写益易。许君曾以诏书校书东观,或藏彝器,如所称"齐桓公器"、"美阳鼎"者以资临抚,亦意中事?至谓"《说文》中古文皆不似今之古钟鼎",然余不能以数千年后今日所见之不似,而遂武断许君《叙》称"山川鼎彝,其铭即前代古文,皆自相似"之出虚造也。不知自其似者而言,后世出土钟鼎之文,由许君书以考释者何限?而自其不似者而言,宁只《说文》中古文,与所见钟鼎有不似,而钟鼎之文,其体亦互有异,此如魏碑之有别体耳!宁得以所见魏碑之别体,而谓一切字书有谬讹耶?故曰"吾斯之未能信"。

# 朱筠《重刻许氏〈说文解字〉叙》

汉汝南召陵许君慎,范蔚宗《儒林传》不详,惟曰:"'五经无双许叔重',为郡功曹,举孝廉,再迁,除洨长,卒于家,作《说文解字》十四篇。"本书召陵万岁里公乘许冲上书言:"先帝诏侍中骑都尉贾逵修理旧文。臣父故太尉南阁祭酒慎本从逵受古学,博问通人,考之于逵,作《说文解字》十五卷。慎前以诏书校书东观,教小黄门孟生、李熹等。以文字未定,未奏上。今病,遣臣赍诣阙。建光元年九月己亥朔二十日戊午上。"徐锴曰:"建光元年,安帝之十五年,岁在辛酉也。"按《贾逵传》:"肃宗建初元年,诏逵入讲北宫白虎观,南宫云台。八年,诏诸儒各选高才生受《左传》、《穀梁春秋》、古文《尚书》、《毛诗》;皆拜逵所选弟子及门生为千乘王国郎,朝夕受业黄门署。"据此知许君校书东观,教小黄门等,当在章帝之建初八年,岁在癸未也。本书许君自叙言:"粤在永元困敦之年,孟陬之月,朔日甲申,次列微辞。"徐锴曰:"和帝永元十二年,岁在庚子也。"按逵传:"逵以永元八年自左中郎将复为侍中骑都尉,内备帷幄,兼领秘书近署。"据此,知许君本从逵受学,其考之于逵作此书,正当逵为侍中之后四年。其后二十一年,当安帝之建光元年岁在辛酉,君病在家,书成,乃令子冲上之也。其始末略可考见如此。

夫许君之为书也,一曰"世人诡更正文,向壁虚造不可知之书",一曰"诸生竞说字解经谊,称秦之隶书,为仓颉时书",一曰"廷尉说律,至以字断法,皆不合孔氏古文,缪于史籀,恐巧说衺辞,使学者疑",于是依据宣王太史籀《大篆》十五篇,丞相李斯《仓颉篇》,中车府令赵高《爰历篇》,太史令胡毋敬《博学篇》,黄门侍郎扬雄《训纂篇》诸书，又杂采孔子、楚庄王、左氏、韩非、淮南王、司马相如、董仲舒、京房、卫宏数十家之说，然后成之。又曰："必遵旧文而不穿凿。"又曰："非其不知而不问。"盖其发挥六书之指，使百世之下，犹可以窥见三古制作之意者，固若日月之丽天，江河之由地。其或文奥言微，不尽可解，亦必明者之有所述，师者之有所授。后学小生区闻陬见，不得而妄议已！

《易》曰："书不尽言，言不尽意。"陈其大要，约有四端：

一曰："部分之属而不可乱。"叙曰："其建首也，立一为耑，据形联系，引而申之，以究万原，毕终于亥。"是以徐锴作《系传》有部叙三卷，本《易·叙卦传》为之，推原偏旁所以相次之故，使五百四十部一字不紊。今起东既疑韵书，而比类又从字体，便于检讨，实昧声形。自李焘之《五音韵谱》作，而部分纷然自乱其例矣！

一曰："字体之精而不可易。"夫篆本异文而今同一首者，奉、博按：《说文》：奉，从手廾，丰声。奏、博按：《说文》：夲，从夲，从廾，从屮。屮，上进之义。春、博按：萅，从日、艸、屯。屯，亦声。秦、博按：《说文》：秦，从禾，舂省。泰博按：奞，从艸，大声。是也。篆本同文而今异所从者，趑、從、赴、徒是也。贼之从戈则声，而改从戎；赖之从贝束声，而改从负，半讹也。舜之为舜，壶之为壶，凵之为曲，爵之为爵，全讹也。以气化之气当乞，而气牵之气遂当气，于是有俗忾字。以萎饲之萎当殍，博按：《说文》：殍，病也；一曰枯死也。而饥馁之馁当萎，于是有俗馁字。此因一字以讹数字者也。匈已从勺而又从肉；博按：俗胸字。州已从川而又从水；博按：俗洲字。既重其类。垔从土而又土，博按：俗埋字。蜀从虫而加虫，博按：俗蠋字。又重其从。此并二字以讹一字者也。从者失从，滋者不滋。自隶一变之，楷再变之，而字体莫之辨识矣！

一曰："音声之原可以知。"震之从辰，囱声；《玉篇》恩窗同。《考工记·匠人》"四旁两夹窗，窗一音恩"，徐锴以为"当从凶乃得声"，非也。移之从禾，多声，古音弋多反。《楚辞》："夫圣人者，不凝滞于物而能与世推移。举世皆浊，何不淈其泥而扬其波？"徐锴以为多与移

声不相近，非也。能之足似鹿，从肉，乙声，古音奴来奴代反。《诗》
"其湛曰乐，各奏尔能。宾载手仇，室人入又。酌彼康爵，以奏尔时。"
徐铉等以为乙非声，疑象形，非也。摘之从手，啻声，陟革反，去声则
陟实反。啻与商同文。摘与适同声。《诗》"勿予祸适，稼穑匪懈"。
徐锴等以为当从适省乃得声，非也。此音声之可据者也。

　　一曰："训诂之遗可以补。"《易》"其牛觢"。"觢，一角仰也。"《尔
雅》"皆踊觢"；郭注："今竖角牛也。"不当作掣。《易·睽卦》：其牛掣。
《书》"西伯既戡黎"；"戡，从戈今声，杀也。"不当作戡，"戡刺也。"《诗》
"深则砅"；"砅从水从石，履石渡水也。""在彼淇厉"，蒙梁而言，亦此
训也。"得此醮鼀"；鼀亦为鼍，《尔雅》"鼀尔詹诸"。"缟衣綼巾"，"綼
从系，卑声，未嫁女所服处子也。"《周礼》"祧五帝于四郊"，祧，畔也，
为四时界，祭其中也。《春秋传》"修涂梁溠"；"溠，荆州浸也。"《职方
氏》"豫州其浸波溠"；郑注："《春秋传》曰：'楚子除道梁溠'，则溠宜属
荆州，在此非也。""阙碕之甲"；"碕，水边石也。"《论语》："小人穷斯滥
矣。""滥，从女，监声，过歫也。"《孟子》："泄泄，犹沓沓。""呭呭，多言
也；沓沓，语多沓沓也。"所谓"言则非先王之道也"。《尔雅》"西至汃
国，谓之四极"；"汃从水，八声，西极之水也。"《广韵》："汃，府巾切，西
方极远之国；又普八切，西极水名也。"下当作邠，邠，"周太王国也"。
此训诂之可据者也。

　　部以属之，体以别之，音以审之，训以诂之，文字之事加诸蔑矣！
后之非毁许君者，或摘其一文，或泥其一说，历代以来，不量与撼，要
无足论。惟近日顾氏炎武修绍绝业，学者所宗，而于是书亦有不尽然
之言。窃恐瞽说附声，信近疑远，是不可以不辨。今如所举"秦"从禾
以地宜禾。"宋"从木为居。"辥"从辛为皋。"威"为姑。"也"为女
阴。"殴"为击声。"困"为故庐。"普"为日无色。"貉"之言恶。视犬
之字如画狗。"狗"之言叩。"有"曰不宜有。"襄"为解衣耕。"弗"为
"人持弓会驱禽"。"辱"为失耕时。"叟"为束缚捽扯。"罚"为持刀骂
詈。"劳"为火烧门。"宰"为皋人在屋下执事。"冥"为十六日月始

亏。"刑"为刀守井。凡此诸说,皆始造文字,取用有故;必非许君之所创作;书契代远,难以强说,复不当删;是以观象阙文之训,明著于叙;岂得以剿说穿凿,横暴先儒乎!至江别"氾"、"沔",舄殊"擘"、"已","述"、"救"各引,载斾为"坺",当时孔壁古文未亡,齐、鲁、韩三家之诗具在;众音杂陈,殊形备视,岂容废百举一,去都即鄙耶!又言"别指一字,以镏当刘,以铴当由,以绋当免";此说亦非。按本书之例:从某者,有其部也。某声者,有其字也。浏之从水,刘声;绌之从丝,由声;勉之从力,免声;具著于篇。乃知书阙有间,传写者之过。谓别指一字以当之者,谬矣!《记》曰:"今人与居,古人与稽。""居"不当为法古乎?《易》曰:"是兴神物,以前民用。""用"不当为卜中乎?《费誓》之费改为柴,训为恶米。按陆德明《经典释文》,《曾子问》注作"柴誓";"柴"音"秘",郑君说也。童为男有辠。按《易》"丧其童仆"作童。至僮之字,《国语》"使僮子备官而未之闻";韦昭注:"僮,僮蒙不达也。"《史记·乐书》:"使僮男僮女七十人俱歌。"本书叙尉律学僮十七已上亦同。当知僮子之僮从人;辠人为奴者正作童也。训参为商星,乃连文书,读"参商,星也";即如水部"河水出敦煌塞外,渤泽在昆仑下"之例;明参与商同为星;非参商亦不知也。其引齐之郭氏及乐浪,古人往往随事博证,不拘拘一说也。至援《莽传》及谶记,以刘之字为卯金刀,谓许君脱其文。按刘之字从刀,从金,丣声。丣,古酉字,非卯也。谶记不可以正六书。《后汉书·光武纪》论王莽以钱文有金刀,改为货泉。或以货泉字为白水真人。于篆,货或近真人;泉岂得为白水耶?《五行志》:"僮谣曰:'千里草,何青青!十日卜,不得生。'"以"千里草"为"董","十日卜"为"卓"。按"重"字从王,东声;非"千里草"。"早"字为日在"甲"上;非"十日卜",又可据以为证乎?又援魏太和初,公卿奏"于文文武为斌",古未尝无斌字。按彬从彡从林,为文质备,文武之字,经典缺如,不知所从,无以下笔,徐铉列之俗书,是也。又可据魏以疑汉乎?凡顾氏所说,皆不足以为许君病,辄附疏之,用诏学者。

**附:顾炎武《日知录》卷二十一"论《说文》"二条**

自隶书以来,其能发明六书之指,使三代之文,尚存于今日,而得以识古人制作之本者,许叔重《说文》之功为大! 后之学者,一点一画,莫不奉之为规矩。而愚以为亦有不尽然者。且以《六经》之文,《左氏》、《公羊》、《穀梁》之传,毛苌、孔安国、郑众、马融诸儒之训,而未必尽合。况叔重生于东京之中世,所本者不过刘歆、贾逵、杜林、徐巡等十余人之说,原注:杨慎《六书索隐序》曰:"《说文》有孔子说,楚庄王说,左氏说,韩非说,淮南子说,司马相如说,董仲舒说,京房说,卫宏说,扬雄说,刘歆说,桑钦说,杜林说,贾逵说,傅毅说,官溥说,谭长说,王育说,尹彤说,张林说,黄颢说,周盛说,逯安说,欧阳侨说,宁严说,爰礼说,徐巡说,庄都说,张徹说。"而以为尽得古人之意;然欤? 否欤? 一也。《五经》未遇蔡邕等正定之先,传写人人各异。今其书所收,率多异字;而以今经校之,则《说文》为短。又一书之中,有两引而其文各异者;原注:如"汜"下引《诗》"江有汜"。"浘"下引《诗》"江有浘"。"述"下引《书》"旁述屏功"。"侜"下引《诗》"旁救侜功"。"芼"下引《诗》"赤舄几几"。"擘"下引《诗》"赤舄擘擘"。后之读者,将何所从? 二也。原注:郑玄常驳许慎《五经异义》。《颜氏家训》亦云:"《说文》中有援引经传与今乖者,未之敢从。"流传既久,岂无脱漏? 即徐铉亦谓"篆书堙替日久,错乱遗脱,不可悉究"。今谓此书所阙者,必古人所无,别指一字以当之;原注:如《说交》无刘字,后人以镏字当之;无由字,以号字当之;无免字,以绕字当之。改经典而就《说文》,支离回互。三也,今举其一二评之:如"秦"、"宋"、"薛"皆国名也。"秦"从禾,以地宜禾;亦已迂矣! "宋"从木为居,"薛"从辛为辠;此何理也?《费誓》之"费"改为"粊",训为"恶米"。武王载旆之"旆",改为"坺",训为"畱土"。"威"为"姑"。"也"为"女侌"。"毁"为"鏊声"。"困"为"故庐"。"普"为"日无色"。此何理也?"貉"之为言"恶也";视"犬"之字如画狗;"狗","叩也";岂孔子之言乎? 训"有"则曰"不宜有也",《春秋》书"日有食之";训郭则曰"齐之郭氏善善不能进,恶恶不能退,是以亡国"。不几于剿说而失其本指乎？"居"为"法古"；"用"为"卜中"；"童"为"男有辠"；"襄"为"解衣耕"；"弔"为"人持弓会驱禽"；"辱"为"失耕时"；"叟"为"束缚捽抴"；"罚"为"持刀骂詈"；"劳"为"火烧门"；"宰"为"辠人在屋下执事"；"冥"为"十六日月始亏"；"刑"为"刀守井"；不几于穿凿而远于理情乎？武曌师之而制字；荆公广之而作书；不可谓非滥觞于许氏者矣！若夫训"参"为"商星"，此天文之不合者也。训"亳"为"京兆杜陵亭"，此地理之不合者也。书中所引乐浪事数十条，而他经籍反多阙略；此采摭之失其当者也。今之学者，能取其大而弃其小；择其是而违其非；乃可谓善学《说文》者矣！

《王莽传》："刘之为字卯金刀也，正月刚，卯金刀之利皆不得行。"原注：《货殖志》亦云。又曰："受命之日，丁卯；丁火，汉氏之德也；卯，刘姓所以为字也。"光武《告天祝文》引《谶记》曰："卯金修德为天子。"公孙述引《援神契》曰："西太守，乙卯金。"谓西方太守而乙绝卯金也。是古未尝无刘字也。原注：赵宦光曰："《说文》无刘字，但作镠。"今按《汉书》卯金刀之谶及古印流传者，刘姓不下数十百，而并作刘，无镠字。魏明帝太和初，公卿奏言："夫歌以咏德，舞以象事。于文文武为斌。臣等谨制乐舞，名曰《章斌之舞》。"魏去叔重未远；是古未尝无斌字也。原注：徐铉较定《说文》，前列斌字，云是俗书。

# 江声《六书说》

许叔重《说文解字叙》云:"《周礼·保氏》教国子先以六书:一曰指事,视而可识,察而见意,二、二是也。二曰象形,画成其物,随体诘诎,日、月是也。三曰谐声,以事为名,取譬相成,江、河是也。四曰会意,比类合谊,以见指执,武、信是也。五曰转注,建类一首,同意相受,考、老是也。六曰假借,本无其字,依声托事,令、长是也。"郑康成注《周礼》,用先郑司农说,亦云:"六书,象形、会意、转注、处事、假借、鷭声也。"声以为六书之名,见于《周礼》,其说详于叔重。然其所从来也远,不始于周,而始于造字之初乎?何言之?《说文解字叙》又云:"仓颉之初作书,盖依类象形,故谓之文。其后形声相益即谓之字。字者言孳乳而浸多也。"是固有形声矣。曰"形声相益谓之字",则会意、转注,亦具有焉。然则指事、假借,具有可知,故曰"始于造字之初"也。炎汉以前,代有通人,皆知其谊,故叔重能道其详,而先郑、后郑亦同其说。学者研其谊而反以三隅,则字无不可知者矣。虽然,吾姑推广言之:盖六书之中,象形、会意、谐声三者是其正,指事、转注、假借三者是其贰。指事统于形,转注统于意,假借统于声。

何言乎指事统于意也?指事之说曰:"视而可识,察而见意。"则指事者,指其形也。盖依形而制字为象形。因字而生形为指事。如日月之字:日,实也,太阳之精不亏,故从日,象其帀也。月,太阴之精,三五而盈,三五而缺,故外郭不匄,象其缺也。是之谓"画成其物,随体诘诎"也。故曰"依形而制字为象形"。由此推之:凡山水鱼鸟之等,实有其形而字象之者,胥视此矣。若如上下之字,上下本无定形,置一以为准,恒一于其上则为上,缀一于其下则为下,斯上下之形见矣！是之谓"视而可识，察而见意"也。故曰"因字而生形为指事"。由此推之：如一在木下为本，一在木上为末，日出一上为旦，日在茻中为莫，王在门中为闰，凡视之而可识，察之而意见者皆是也。然指事之说，犹不尽此也。《说文解字》之中，颇有言象形而实为指事者，不可殚述。姑举一二言之：如不字，一在上即以为天，象鸟之傅天而远去，察其不来下之形，则不可之意见。至字，一在下即以为地，象鸟之尾翼向上而首著地，视其下集之形，则来至之意可识。又如垂者，艸木花翼垂也，下垂之形见焉。之数字者，叔重皆云象形，顾其形皆由意造，亦因字而生者，故曰实为指事。由此推之，则《说文解字》之中，凡有象形字者，或为象形，或为指事，以意求之，皆可知矣。"指事统于形"，此之谓也。

曰"转注统于意"，何谓也？转注之说曰："同意相受"，则转注者，转其意也。盖合两字以成一谊者为会意，取一意以概数字者为转注。《春秋左氏》曰："止戈为武。"《穀梁子》曰："人言为信。"故武、信为会意。武、信之外，如孔子曰："推十合一为士。"韩非曰："背厶为公。"逯安说："亡人为匄。"以及"皿虫为蛊"、"孤夕为残"、"曰辰为農"之等，皆合两字而成谊者也。亦有合三字为谊者：孔子曰："黍可为酒，禾入水也"，是也。皆所谓"比类合谊，以见指扰"者，是为会意，言会合其意也。转注则由是而转焉，如"挹彼注兹"之"注"。即如考、老之字：老，属会意也，人老则须发变白，故老从人手七，此亦合三字为谊者也。立老字以为部首，所谓"建类一首"。考与老同意，故受老字而从老省。考字之外，如耆、耋、寿、耇之类，凡与老同意者，皆从老省而属老。是取一字之意以概数字，所谓"同意相受"。叔重但言考者，举一以例其余耳。由此推之，则《说文解字》一书，凡分五百四十部，其分部即"建类"也；其始一终亥，五百四十部之首，即所谓"一首"也；下云"凡某之属皆从某"，即"同意相受"也。此皆转注之说也。

曰"假借统于声"，何谓也？假借之说曰："依声托事"，则假借者循声而借也。盖谐声者，定厥所从而后配以声，声在字后者也。假借则取彼成文而即仍其声,声在字先者也。如江、河皆水名,故皆从水,从水非声也,是所谓以事为名,即转注之同意相受也,配以工、可,乃得声尔。江,古红反,故曰工声。古或以可为何,合戈反,故何得可声。是以配合之字为声,所谓"取譬相成"也。故曰"声在字后"。由此推之,凡《说文解字》所云"某声","某省声","某亦声"之等,胥准诸此矣。至若假借之令长,令者县令也,假诸号令;长者官长也,借取修长,是即仍所借字之声,所谓"依声托事"也。故曰"声在字先"。《说文解字》止云"令,发号也","长,久远也",其借谊则俱未之及。盖假借壹书,为谊极繁,凡一字而兼两谊三谊者,除本谊之外,皆假借也。学者诵习艺文,行将具晓,叔重故不具解。然亦间有解,如朋、来、韦、西诸字是也。《说文解字》云:"凬,古文凤,象形。用飞,群鸟从以万数,故以为朋党字。"又云:"来,周所受瑞麦来辨,一来二夆象芒束之形,天所来也,故为行来之来。"又云:"韦,相背也,从舛口声。兽皮之韦,可以束枉戾相韦背,故借以为皮韦。"又云:"鬲,鸟在巢上,象形。日在西方而鸟西,故因以为东西之西。"此皆假借之说也。

　　凡此六者,古人造字之指,具在于斯。许冲有言曰:"圣人不空作,皆有依据",指谓此六书也。卢植云:"古文科斗,近于为实,而厌抑流俗,降在小学",言文字之为实学而愍其诎抑也。然则东汉之季,自诸大儒而外,从事于斯者,固已鲜焉!爰及魏晋,其学益微。唐宋而下,无有识字者矣。其孰能知之哉!即有一二考古之士,求其解而不得,不自咎其不达古人之意,反怪古人之不合于己而疑其误,不亦异乎!甚者如郑樵之论,谓:"《说文》止得象形、龤声二书,盖六书失其四。"於戏!何谬妄之至于斯也!声窃幸微言之尚存,患末学之误解,为之讲明其说,岂敢自许为识字哉!庶俾后之学者,有所据依以为稽古之阶云尔。


**考证:**

　　如一在木下为本,一在木上为末,日出一上为旦,日在茻中为莫,王在门中为闰，凡视之而可识，察之而意见者，皆是也。○博按：象形者，形写象似，以形定字者也。指事者，形示意识，以字定形者也。惟指事形示意识，江氏乃以与会意滋淆。不知会意之意，乃比类而合之谊，意之孳衍者也。指事之意，乃察识而见之意，意之独生者也。譬之国，则会意联邦国，而指事单一国也。譬之家，则会意子孙，而指事其祖父也。如《说文·木部》："本，木下曰本，从木从下；末，木上曰末，从木从上。"《旦部》："旦，明也，从日见一上；一，地也。"《莫部》："莫，日且冥也；从日在莫中；莫亦声。"《王部》："闰，馀分之月；五岁再闰也。告朔之礼，天子居宗庙，闰月居门中；从王在门中。《周礼》：'王居门中终月也。'"此其为"比类合谊"之会意，而不得为"察识意见"之指事也明矣。江氏以为指事，非是。

《说文解字》之中，颇有言象形而实为指事者，不可殚述。姑举一二言之：如不字，一在上，即以为天，象鸟之傅天而远去；察其不来下之形，则不可之意见。至字，一在下即以为地，象鸟之尾翼向上而首著地；视其下集之形，则来至之意可识。又如垂者，艸木花翼垂也，下垂之形见焉。之数字者，叔重皆云象形，顾其形皆由意造，亦因字而生者，故曰实为指事。○博按：象形之书，就其所象之形而言：有象物之形者，日、月、山、水等是也。然亦有象物所事之形者：如"不"，鸟飞上翔不下来也；从一，一犹天也；象鸟上翔而见毵尾之形。"至"，鸟飞从高下至地也；从一，一犹地也。不象上升之鸟，首向上。至象下集之鸟，首向下。此象动物所事之形也。又如"垂"，艸木花叶垂，象形，象其茎枝花叶也。此象植物所事之形也。许君皆正名之曰象形，其他可以类推。而江氏谓之指事，得无以为指物之所有事而非其形乎？不知象形如图画然，人物可图画，而图画不限于人物之形，凡鸟之飞，兽之走，人之动静语默，皆可图画也。今谓字之象物形者为象形，而象其事者非象形；则是谓绘人物者为图画，而绘人物之动者非图画也，有是理乎？

# 章炳麟《小学略说》

地官保氏教国子以六艺,曰"礼、乐、射、御、书、数"。《七略》列书名之守于小学。《律历志》曰:"数者,一十百千万也,其法在算术,宣于天下,小学是则。"此则书、数并称,而礼、乐、射、御缺焉。盖六艺者,习之不一时,行之不一岁。射、御非儿童所任。六乐之舞,十三始舞勺,成童舞象,二十而舞大夏。礼亦准是。独书、数不出刀笔口耳,长幼宜之。《说文叙》曰:"保氏教国子,先以六书",明节次最初也,其与九数容得并习。故刘歆言小学独举书、数。若夫理财政辞,百官以治,万民以察,莫大乎文字。自李斯、萧何以降,专任八体久矣。

《世本》言"仓颉何作书"。司马迁、班固、韦诞、宋忠、傅玄皆云"仓颉为黄帝史官"。《说文叙》亦同此说。崔瑗、曹植、蔡邕、索靖以为古之王者。张揖言:"仓颉为帝王,生于禅通之纪。"揖所说,盖本慎到曰"仓颉在庖牺前"。皆见《书正义》引。其时代无以明焉。《说文叙》曰:"仓颉之初作书,盖依类象形,故谓之文。其后形声相益,即谓之字。文者物象之本,字者言孳乳而浸多也。"郑康成《注礼》曰:"古曰名,今曰字。"寻讨旧籍,书契称字,虑非始于李斯。何者?人生幼而有名,冠为之字。名字者,一言之殊号,名不可二,孳乳浸多谓之字,足明周世有其称矣。

六书之次,《说文叙》曰:"一曰指事。指事者,视而可识,察而见意,二、一是也。二曰象形。象形者,画成其物,随体诘诎,日、月是也。三曰形声。形声者,以事为名,取譬相成,江、河是也。四曰会意。会意者,比类合谊,以见指㧑,武、信是也。五曰转注。转注者,建类一首,同意相受,考、老是也。六曰假借。假借者,本无其字,依声托事,令、长是也。"世称异域之文谐声,中国之文象形。此徒明其大校,非复刻定之论。征寻外纪,专任象形者,有西南天教之国。会意一例,域外所无。至于计数之文,始一终九,自印度、罗甸、亚罗、比耶皆为指事。转注、假借,为文字繁省之例,语言变异之端,虽域外不得阙也。假借非谓同音通用,见《转注假借说》。六书所以始指事者,固由夷夏所同,引以居首。若其常行之字,中土不可以用并音,亦诚有以。盖自轩辕以来,经略万里,其音不得不有楚夏。并音之用,只局一方。若令地望相越,音读虽明,语则难晓。今以六书为贯,字各归部,虽北极渔阳,南暨儋耳,吐言难谕,而按字可知。此其所以便也。海西诸国,本土狭小,寻向相投,蝓用并音,宜无罣碍。至于印度地大物博,略与诸夏等夷,言语分为七十余种,而文字犹守并音之律,出疆数武,则笔札不通;梵文废阁,未逾千祀,随俗学人,多莫能晓,所以古史荒昧,都邑殊风。此则并音宜于小国,非大邦便俗之器明矣!汉字自古籀以下,改易殊体,六籍虽遥,文犹可读。古字或以音通借,随世相沿。今之声韵,渐多讹变。由是董理小学,以韵学为候人,譬犹旌旗辨色,钲铙习声,耳目之治,未有不相资者焉。

言形体者始《说文》,言故训者始《尔雅》,言音韵者始《声类》。三者偏废,则小学失官。自《声类》而下者,卷轴散亡,今所难理。后出之书,独有《广韵》,则其粲然者矣。《广韵》者,今韵之宗,其以推迹古音,犹从部次,上考《经典释文》及《一切经音义》,旧音绝响,多在其中。顾炎武为《唐韵正》,始分十部,江永《古韵标准》分十三部,段玉裁《六书音均表》分十七部,孔广森《诗声类》分十八部,王念孙分二十一部。大抵前修未密,后出转精,发明对转,孔氏为胜!若其悛次五音,本之反语,孙炎、韦昭,财有魄兆,旧云双声,《唐韵》云纽,晚世谓之字母。三十六母,虽依拟梵书,要以中夏为准。顾氏稽古有余,审音或滞。江氏复过信字母,奉若科律。段、孔以降,含隐不言。独钱大昕差次古今,以舌上、轻唇二音,古所无有,然后宫商有准,八风从律。斯则定韵莫察乎孔,审纽莫辩乎钱,虽有损益,百世可知也。段氏为《说文注》，与桂馥、王筠并列，量其殊胜，固非二家所逮。何者？凡治小学，非专辨章形体，要于推寻故言，得其经脉不明音韵，不知一字数义所由生，此段氏所以为桀！旁有王氏《广雅疏证》、郝氏《尔雅义疏》，咸与段书相次。郝于声变，犹多亿必之言。段于雅训，又不逮郝。文理密察，王氏为优；然不推《说文》本字，是其瑕适。若乃规摹金石，平秩符玺，此自一家之业。汉之鸿都，鸟篆盈简，曾非小学之事守也。专治许书，窜句增字，中声雅诰，略无旁通，若王筠所为者，又非夫达神指者也。盖小学者，国故之本，王教之端，上以推校先典，下以宜民便俗，岂专引笔画篆，缴绕文字而已。苟失其原，巧伪斯甚！昔二徐初治许书，方在草创，曾未百岁，而荆舒《字说》横作，自是小学破坏，言无典常。明末有衡阳王夫之分文析字，略视荆舒为愈。晚有湘潭王闿运亦言指事会意，不关字形。此三王者，异世同术，后虽愈前，乃其刻削文字，不求声音，譬痁聋者之视书，其揆一也！

或言："书契因于八卦，☵为坎象，☷则坤图。"若尔，八卦小成，乾则三画，何放三画不为天字？又言："始一终亥，是即《归藏》。"循是以推，韵书始于一东，何知非"帝出乎震"，为太一下行九宫之法乎？《尔雅》始于初字，初者裁衣之始，复可云"取诸乾坤，垂衣裳而天下治"耶？或言："文字之始，肇起结绳，一绳萦为数形，一画衍为数字。"此又矫诬眩世，持论不根！即如是者，始造一字，继则有二，二必继一，宜在诸文之前，何故重累成文，不以一画纤诎？且仓颉造文，本象鸟兽蹏远之迹，马蹏而外，宁有指爪不分，独为一注者哉！若斯之徒，妄穿崖穴，务欲胜前。不悟音训相依，妙入无间，先达之所未祛，当推明者尚众，何为亢越兔蹊，自绝大道！斯所谓攻难之士，求名而不得者也！

大凡惑并音者，多谓形体可废，废则言语道窒而越乡如异国矣！滞形体者，又以声音可遗，则形为糟魄，而书契与口语益离矣！余以寡昧，属兹衰乱，悼古义之沦丧，愍民言之未离，故作《文始》以明语原，次《小学答问》以见本字，述《新方言》以一萌俗，简要之义，著在兹编,旧有论纂,亦或入录。若夫阴阳对转,区其弇侈;半齿弹舌,归之舌头;明一字之有重音,辨转注之系造字。比于故老,盖有讨论修饰之功矣! 如谓不然,请俟来哲。

# 章炳麟《理惑论》

《说文》录秦、汉小篆九千余文，而古文大篆未备，后人抗志慕古，或趋怪妄！余以为求古文者，宜取《说文》独体，观其会通，摄以音训，九千之数，统之无虑三四百名，此则仓颉所始造也。五帝三王之世，改易殊体。今既不获远求邃古，《周礼》故书，《仪礼》古文，有《说文》所未录，足以补苴缺遗。邯郸淳《三体石经》，作在魏世，去古犹近，其间殊体若虞字作伙之类，庶可采录。旁有陈仓《石鼓》，得之初唐，晚世疑为宇文新器，盖非其实。虽叵复见远流，亦大篆之次也。按《石鼓》不知作于何时？必云"宣王所作，史籀所书"，固无其征，然大致当不相远。四者以外，宜在阙疑之科。而世人尊信彝器以为重宝，皮傅形声，曲征经义，顾以《说文》为误，斯亦反矣！

彝器之出，自宋始盛，然郭忠恕《汗简》、夏竦《古文四声韵》、王钦若《天书》即出其间，方士诡伪固已多矣！且轻用民力，莫如汉魏，浚深穿坚，时时间作。由晋讫隋，土均尚厉，彝器顾少掊得。下及宋世，城郭陂池之役，简于前代，而彝器出土反多。其疑一也。自宋以降，载祀九百，转相积累，其器愈多。然发之何地，得之何时，起自何役，获自谁手，其事状多不详。就有一二详者，又非众所周见。其疑二也。古之簠簋，咸云竹木所为。管仲镂簋，已讥其侈。而晚世所获，悉是镕金，著录百数，何越礼者之多？其疑三也。祭飨庸器，匪匹庶之家所有。至于戈戟刀铍，布在行伍。锜釜耒耜，用之家人。少多之剂，千万相越。然晚世所见者，礼器有余，兵农之器反寡。其疑四也。刀布势轻，失则易坠。钟鼎质重，载之及溺。所以亡国之虚，下有积钱；秦致九鼎，沦入泗水，理之恒也。自余觯、爵、簠、簋之伦，轻不如钱,重不如鼎,其漂流垫陷盖少。得失之分,未谕其由。其疑五也。然则吉金著录,宁皆雁器,而情伪相杂,不可审知。必令数器互雠,文皆同体,如丁作丨、祖作且、惟作隹之类。斯确然无疑耳!单文间见,宜所简汰,无取诡效殊文,相用诳耀。故曰:"索隐行怪,吾勿为之矣。"

穿凿之徒,务欲立异。自庄述祖、龚自珍好玩奇辞,文致璪兆。晚世则吴大澂尤喜铜器。亦有燔烧饼饵、毁瓦画墁以相欺绐。不悟伪迹,顾疑经典有伪,《说文》未谛。迨孙诒让颇检以六书,勿令离局,近校数家,谅为慎密。然彝器刻画,素非精理。形有屈伸,则说为殊体,字有暗昧,而归之缺泐,乃云:"李斯妄作,叔重赃缪。"此盖吾之所未谕也。又近有掊得龟甲者,文如鸟虫,又与彝器小异。其人盖欺世豫贾之徒,国土可鬻,何有文字!而一二贤儒信以为质,斯亦通人之蔽。按《周礼》有衅龟之典,未闻铭勒,其余见于《龟策列传》者,乃有白雉之灌,酒脯之礼,梁卵之被,黄绢之裹,而刻画书契无传焉!假令灼龟以卜,理兆错迎,衅裂自见,则误以为文字,然非所论于二千年之旧藏也。夫骸骨入土,未有千年不坏,积岁少久,故当化为灰尘。龟甲蜃珧,其质同耳。古者隋侯之珠,照乘之宝,琚珬之削,余蚳之贝,今无有见世者矣。足明垩质白盛,其化非远,龟甲何灵,而能长久若是哉?鼎彝铜器,传者非一,犹疑其伪,况于速朽之质,易薶之器,作伪有须臾之便,得者非贞信之人,而群相信以为法物,不其慎欤!

夫治小学者,在乎比次声音,推迹故训,以得语言之本,不在信好异文,广征形体。曩令发玉牒于泰岱,探翩翼于泗渊,万人贞观,不容作伪者,以补七十二家之微文,备铸器象物之遗法,庶亦可矣。若乃奉矫诬之器,信荒忽之文,以与召陵正书相角,斯于六书之学,未有云补。拟之前代,则新垣玉杯之刻,少翁牛腹之书也,宁可与道古耶!

# 姚华《说文古籀补补序》

文字之学有三术，曰形、声、义。义析而三：曰诂（一字一义），曰汇（一字数义），曰通（数义而一贯之）。声析而三：曰声（本声），曰音（读不必本声，或近或远），曰韵（类音而部之）。近世学者各有著书，盛已！惟治形之书特少，盖事近制作，苟非其材，不足与于斯也。愚意肊分亦有三术：曰正，曰省，曰补。形书据许氏，旧传李少温有所是正，顾根本未深，无以征信于彼人！其余《六书精蕴》之属，自诩探赜，实同虚造，至今无称焉！

余弱冠即治《说文》，积四五年，妄拟著述，成《说文三例表》，不分卷。一凡见经传者正字，二不见经传者俗字，三或见经传或不见经传者或字。将以存正删俗并或，一意主省，所以荡涤繁芜，归诸易简。宜于今而不谬于古者，岂斯作耶？

既而主讲兴义县之笔山，游勇犯城，行李尽失，稿亦遂亡！再上公车，世益多故，因不更属艸。然往常见乡先生郑柴翁《说文逸字》而心善之。及得吴愙斋中丞《说文古籀补》，读而心尤善之。是皆补也。余主省者而又主补，是若矛盾。其实不然。省者所以疏《说文》之壅，补者所以鉴《说文》之固。文字不据许，则如履地于浮沤。不正许，则如仰天于覆盆。是二者不可一废也。

夫典籍以汉儒而传，亦以汉儒而亡。文字以汉儒而理，亦以汉儒而乱。乾嘉以来，《说文》十四篇，校订、注释、考证之作朋兴，推崇许君，几于无上。其后古器训辞屡出，初援许以释辞，既因辞以疑许。及于同光，金石学益昌，益觉许君所见山川鼎彝文字盖犹不足；不然，何所收古籀之少也？且其说解，虽曰"博采通人"，抑亦泰半鄙俗！

"屈中""止句"之见，议人而己由之者比比而在！是以不观人戴圆之字，不知一大为天之浅也。不识持主为父之字，不知从又举杖之谬也。不得不丕二形之互证，不知鸟飞不下，从一不声之囷也。不探徙本从伄，高本象形之渊源，不知徒从土声，胄从冃由声之晚也。如此之类，更难悉数。故非补与省并，不足正许，正许而后得据以正形。若夫文王不为宁王，厥心不为乃心，经典之待正者，又循是可推也。

吴补未尽，犹俟后益。余友黄县丁佛言乃乘积薪之势，鼓当仁之气，取吴补补之，复成书十四篇，附录一篇。稿数数易，余获数数读，时有贡献，多见采撷。其益我者，更倍蓰于我益也！惜乎！余方有《声贯》之作，法，先说本义以直通诸义，循本声以旁通诸声。例如说公文云："虚其中而施于外也。"则直通、旁通诸义，皆可贯穿于是矣。不获为其省焉者与之相辅行焉！或亦期诸将来也乎？佛言不余谬，欲得一言，因立著于端。

# 杨荫杭《挨及文与华文同源说》

中华记载言挨及之事绝少。段成式《酉阳杂俎》始言勿斯离国之大石榴,勿斯离即挨及。古者波斯人名挨及曰 Meudraya,希伯来人名挨及曰 Meizraim,西利亚人名挨及曰 Meezraye,皆此字也。赵汝适《诸蕃志》始言勿斯离之江水,即指尼罗河;又言勿斯离属国遏根陀有大塔,即指金字塔。陶宗仪《辍耕录》始言木乃伊,即指挨及之孟密 Meummy。凡此记载,皆出后世。若挨及上古之文明,则为中华旧史所未言。此虽由于道里隔绝,实亦因挨及建国,更古于中华,故如参商不相值也。然考挨及之文字,与中华六书相同,此不特象形而已,实由形声参用之制,及文字孳乳之序,与《周官·保氏》旧法,若合符节,则知上古之世,中华与挨及必有交关之处,不能以其地远而疑之,犹之古世印度亦与欧洲远隔,然今世博学言者,考知梵文与拉丁、希腊文有极相类似之点,皆属亚利安文,其例同也。

中华象形文由繁而简,故大篆变为小篆,小篆又变为隶草。挨及象形文,亦由繁而简,故圣书 Hieroglyphics 变为僧书 Hieratie,僧书变为民书 Demotic。中华文右行。挨及文除圣书可左可右外,僧书民书亦皆右行。中华文有指事,有象形,有会意,有形声,有转注,有假借。挨及文有象形 Ideographs,有谐声 Phonetics。此二者为大纲。象形分为二类:一曰象物,如日作圆形,月作弯形,口作匾圆形,麻作束形,是也。二曰象意,如子字作鹅形,母字作鹫形,盖挨及人理想,以鹅为孝鸟,以鹫为女性故也。此外如喜乐字作女子击鼓形,乳骆字作桶中出气形,狡猾字作豺形,躁怒字作猴形,皆象意也。象物象意,字皆不多,故为孳乳计,乃以一形括众意,如人坐形,可以为父,可以为兄弟,可以为君,可以为僧,两足相并坐,凡足部一切动作皆可用之。一手执杖形,凡手部一切动作皆可用之。作环形者,一切宝石皆可用之。作革形者,一切兽类及革制之物皆可用之。此类字虽有定形,实无定意;必加谐声,其意乃定;谐声每加于左旁,读者一望而先知其声,非若中华形声字,其声无定所也。谐声亦分二类:或结以体文 consonant,或结以声势 vowel。如狐字,先作兔,又作水形,又作盘形。其实此三形无意义,兔即 a,水即 n,盘即 sh,合此三字,仅成 ansh 一音耳。又豺字先作椅背形,又作斜凿形,此亦无意义,合此二者,仅成 saf 一音耳。其结以声势者,共得五十二文,代表十八音,实即字母也。谐声字可以同音通假。三千年来,书于巴比利 Papyri 者,其谐声字往往交换,音同而形不同,故昔人但知挨及为象形文,其后方知为形声相益之文,盖自罗赛泰 Rosetta 发见古文始也。由此观之,中华所谓六书,亦即挨及旧法。六书所谓象形,本如绘图,故中华之"日"、"月",即挨及之"日"、"月"。六书所谓指事,许书亦混称象形,本不限于上下数字,刘歆、班固称象事。就其静而言,谓之象形。就其动而言,谓之象事。故"人"象胫背形,谓之象形;"臣"象屈服形,即可谓之象事,则知六书之指事,亦象意类也。六书所谓假借,如"西"为鸟在巢之形,而以为东西之西;"来"为瑞麦之形,而以为行来之来。此非经曲解,不能知其本意,正与挨及文之以鸷为母,以鹅为子相同,则亦象意类也。六书所谓会意,当然即象意,但会意必复体,此其所异也。六书所谓转注,本言造字。戴氏互训之说,实不可通。江氏转意之说近之。盖转注与假借皆孳乳之法。假借者,不造新字,而依旧声推广其用。转注者,不造新形,而依旧形推广其意。许氏所谓"建类一首,同意相受",盖谓部首之字,可以括众意,造字者用为偏傍,或取其本意,或取其类似之意。故"狗"、"猈"等字取犬字本意;"玃"、"猴"等字,则以"犬"字用之于猿类;"猃"、"犯"等字,则又以"犬"字用之于人类。此即"同意相受"。挨及文中,凡象物象意诸字,皆由一意转为多意,亦同意相受也。六书所谓形声,实居华文之多数;乃求之挨及文字,亦半形半声;且求诸巴比仑之楔形文字,亦半形半声。今世学者,皆以楔形文字为出于挨及;然则中华文字与挨及,巴比仑皆同一系统,无可疑也。古配黎谓:"中华人种本自西亚迁移至黄河流域。"并言:"中华文字,出于巴比仑之楔形文字。伏羲所画八卦,如乾、坤、震、艮、离、坎、兑、巽诸符号,实与楔形文字相似。盖阳爻成楔形,阴爻为重复之楔形。八卦既为文字之始,即楔形文为华文之始。"然吾谓此说近于臆测。遍考中华钟鼎文字,多不作楔形,惟天干甲乙丙丁诸文,多类楔形,此或出于偶然,不能遽言天干字出于巴比仑。近日学者考求巴比仑文字尚未深造。据洛林孙研究,仅知其为形声参用之文字,与挨及文同一系统,且此类砖文在埃及有出土者。则谓中华文与巴比仑之楔形文同一系统则可,谓卦爻、天干等字即楔形文之流入中华者,则嫌武断矣!

凡象形文,皆不能独用,其用之而无碍者,皆形声参用,而世人或疑其陋,或疑其难。吾尝见美洲红人之文字矣,其始画一轮红日,言昧爽也;其继画人众兵械,言出师也;其中画一大熊,则言大捷也;其后画人头若干枚,则言俘馘之数也。此类文字,诚最初最陋者矣。然中华、挨及、巴比仑之文字,则皆流行历数千年之久,其书汗牛充栋,无不达之意,不能与最初之象形一例视之。若谓其有象形之遗迹,则A为牛头形,B为房屋形,出于腓尼基;C为曲尺形,D为三角形,出于希腊。世界文字,固未有不始于象形者也。欧人学华文,以象形为难。然华文中象形,大率皆动物。欧文中动物专门字皆取希腊、拉丁文造成,其字绝长,实更难于象形。如华文犀牛,虽曰牛字象形,究不甚难;欧文犀牛作 rhinoceros,既须记四音,又须记十一字母,则更难于犀牛矣。华文河马虽曰马字象形,究不甚难;欧文河马作hippopotamus,既须记五音,又须记十二字母,则更难于河马矣。又如治外法权之华文四字,无论台藋为音,本非象形,即水木象形,亦非原意,西文乃作 extraterritoriality 一字,而错出九音,多至十九字母。此在吾辈读之,既诘屈聱牙,即西人读之,亦未尝不觉其难。近有建议改为 extrality 者,则又向壁虚造,搢绅先生难言之矣。

## 考证:

考挨及之文字,与中华六书相同;此不特象形而已,实由形声参用之制,及文字孳乳之序,与《周官·保氏》旧法,若合符节。○博按:杨子云曰:"言,心声也。书,心画也。"心声发于天籁之自然,心画迫于人事之必然。必非有人焉能为之律令,必循之以为合也。顾发于自然矣,而使本之于心而合,入之于耳而通,将自有其不可畔者。特以各国所处之地位不同,洋海环之,山岭障之,斯言文不能统一耳。余读侯官严复《英文汉诂》一书,而知异域之制文,亦有合乎六书者焉,不独挨及文而已。试广杨氏之意以说之:(一)文字之初,先有义有声,而后谐声以制文字,不论中西一也。盖气清而上浮者谓之"天","天"音何自生? 生自颠。气浊而下凝者谓之"地","地"音何自生? 生自低。推此类也,读"上"字"高"字如张口仰望,读"下"字"低"字如闭唇下视,读"吃"字如吞咽,读"呕"字如呕吐。盖未造字之先,已发其音义矣。英文亦然。如 high,高也,读之张口如仰望。Lower,低也,读之闭唇如下视。Eat,食也,读之亦如吞咽。又如吾国有感叹词"呜呼"、"噫"、"嘻"、"唉"及"丁东"、"剥啄"之类,专以谐声为义,而西文亦有 o,oh,ah,ha,alas,hurrah,及 boom(爆发声),click(轻击声),crashing(折断声),hick(凿声)等字。若此类者,不可枚举。(二)夷考英文有字根,乃有展转引伸之字。字根,皆拉丁、希腊文也。如以 acer(拉丁字有尖利、辛辣、尖酸、苦、刻薄诸义)为字根,而 acrid(辣)及 acrimony(姜桂之性严酷刻薄),acid(酸醋)诸字,即由之引伸而出。以 stasi(希腊字有坚持、植立不动、永久诸义)为字根,而 ecstasy(颠狂妄动)及 ahosstay(背教叛道),system(法则)诸字,由之引伸而出,详见纳氏《文法》第四册第二十七章三八五——三九二页。声相从者义亦相从。而我国文字亦然。如以"中"为字根,而尽中心为"忠",中衣为"衷",人次在中为"仲",其从"中"展转引伸之字,声从"中"者义亦从"中"。又如以"戋"为字根,"戋",小也,于是贝之小者为"贱",皿之小者为"盏",竹简之小者为"笺"。凡从"戋"展转引伸之字,声从"戋"者义亦从"戋"。诸如此类,亦不可枚举。

(三)独体为文,合体为字。文不足于用,而孳乳成字以济其穷,此不论中西一也。从成字之法而言,英文亦可分为两大类:其一曰文 primary words,其一曰字 secondary words。文者何? 原成之字,不可复析者也,如化学之原质然。字者何? 孳乳寖多之字,所可更析之以为文者也,如化学之杂质。字分二类,中西皆然。中国之文,如"一"、"人"、"夕"、"马"、"日"诸字。西国之 primary words,如 one,man,night,mouth,horse,sun 等。中国之字,如"信"、"武"、"证"、"忠"、"娶"、"诶"诸字,皆合文而成者也。西国之 secondary words,如 teaspoon,midday,kingdom,beautiful 亦可更析为 primary words 者也。(四) 英字之孳乳,其法有二:一曰会合 composition。会合者,取分立之文字而合之使成也。如 lighthouse(灯塔),inkstand(墨水瓶)等字,谓之 compound words。所会合者,自二字,有时至于三字四字。如 spend—thrift(豪奢之子)合二字者也。mid—ship—man(海军学生)合三字者也。Out—of—the—way(非常者)合四字者也。一曰转成 derivation。转成者,由一字之根,以意义之殊而变化其体,成异字者也。如 love(爱)字为根,而 loving(爱、中意),lover(情人),lovely(可爱),loveable(可爱者)诸字由之而出。full(富足)字为根,而富于信义者谓之 truthfull,甚可畏者谓之 fearfull,富有希望者谓之 hopefull。ward 者,著其物之所趋也,以此为根,而进往者曰 forward,向往曰 toward,北首曰 northward,西南首曰 southwestward,不便利曰 awkward,凡此之类,谓之 derivatives。按许君六书定义:"以事为名,取譬相成,谓之形声。""比类合谊,以见指㧑,谓之会意。"皆有合义分立之文而孳乳成字。如形声之中衣为"衷",正言为"证",会意之一大为"天",用口为"周",即是西文之 compound words 也。又合三字四字见意者,如会意之"祭"从示以手持肉,"茻"从四"中";

形声之"整"从攴从束从正,正亦声,是也。此与英文之 compound words 相同。至英文之 derivation,则亦犹转注"建类一首,同意相受"之例耳,惟 derivation 之"同意相受",大抵皆即一字为根,而前后附益之以异字;而转注则以一字建一部之首,而以它字上下左右从之。又转注之"从某"主形,而西文 derivation 之字根主声,此其异耳。盖西文谐声,而中文象形。西文横行,而中文纵行故也。(五)按中国六书,象形、指事二者,为西国拼切之字所无,间见于记号,如天学以⊙为日,以☽为月,然非文字。惟会意该形声而言之以声,亦兼意也、转注、假借三者,为用正与中文同,而假借之为用尤宏。如 back 背也,而 backslide,backslider 之 back 则作违背解。way 路也,而亦训为方法。以肩背之"背",引伸作违背之"背";道路之"道",引伸作道术之"道",即六书"依声托事"之假借。西文谓之 ambiguity,皆以一字而当数义,如 box 有二十余诂,皆由本义引伸而假借之。此类最多。如 eampant 本训跃者、缘者、兽之立者,而引伸为事势之方兴。patient 本训受事者,引伸之为病者,为忍耐。valiant 本训飞者、傲者、鸟之张翼者,引伸之为流荡,为轻迅。fluent 本训流者,故言辞之流利,书法之流美,皆用之。patent 本训开者,故事之显无隐者、涂之通者,皆用之。而制造专利,亦云 patent 者,以其得国家之明谕,故有此称也。(六)英文中拉丁字,往往同此一字,在此为名词,在彼为动词,其形无殊,但变其所读之重音 accent,而实用之名词,即转为动词之虚用者。同一 accent 也,accent 读 a 母,则训重音;而移之读第四母 e,则为重读之矣。一 collect 也,accent 读第二母 o,则训总会;而移 accent 于第五母 e,则为集会矣。一 present 也,accent 读第三母 e,则训礼物;而移 accent 于第五母,则为奉献矣。此其变流之趣,乃与吾国文字正同,盖即中文之读破法。如"春风扇微和","扇"读平声,而名词转成动词。"春风风人,夏雨雨人",下"风"、"雨"皆读去,亦转名词为动词者。他若"解衣衣我,推食食我"之"衣"、"食"二字,"春朝朝日,秋夕夕月"之"朝"、"夕"二字,皆缘读破法而名词转动,湘

乡曾国藩所谓"实字虚用"者也。盖不胜枚举焉。虽然，英文之
accent 变而后义异者固多，而 accent 不变而异义者尤夥，此如韩文
"人其人，火其居"，而未闻"人"、"火"二字有读破也。《公羊传》"入其
官，无人官焉；入其门，无人门焉"，其第二"官"第二"门"字，亦不读破
也。此在英文，如 help（助）可为名词，可为动词。他若 water，paper，
stuff，dance，book，smoke，fire 等，几无实用之名词，不可虚用者，亦
观其句中之职何如耳，乌庸变乎？此所以宏文字之用也。但以中文
与英文比例为论，有其难者。则西文复音，中文单音，西文常用之名，
例为一字，而中文或以数字为一名，故其相似难见。此在学者能以意
通之而已。即如英文 arise（起），awake（醒），ago（去）诸字起首之 a
母，正与《书·尧典》"黎民于变"、《大学》"于止"之"于"字合符；而
abed（在床），ashore（于岸）两字起首之 a，则又与《易·系辞传》"其于
中古乎"、《曲礼》"于外曰公，于其国曰君"之"于"相当，盖我之"于"字
乃象形，在古正读为鸦音，与 a 音近也。中西言语，当上古时，疑本合
一，在此可以证见，此不过一事耳。

# 乙 集
## 经 学 之 部

# 乙 集 叙 目

右文八家,所以辨章经学之源流者也。诚窃以为通经之法,要在明经传之别,通今古之殊。兹录龚自珍《六经正名》、章学诚《经解》,所以考经传之沿革。录魏源《两汉经师今古文家法考序》、江藩《南北朝经术流派论》、赵坦《唐孔颖达〈五经义疏〉得失论》,所以明今古文家法之殊及其流变。而终之以胡培翚《诂经文钞序》、陈寿祺《经郛条例》、蒙文通《议蜀学》三篇,盖叙述清儒治经之法,而蕲于开设户牖,启示涂辙者也。其为得失可得而言:大抵西京微言大义之学,坠于东汉。东汉名物解故之谭,熄于魏晋。汉魏诂经而成注。隋唐笺注以撰疏。汉学谨于诂而训有不顺。宋儒顺于训而诂或未核。诂者所以通古今之言,训者所以籀章句之指。诂者古言也;古今异言,以今言解古言,使人易知也。训者顺也;圣人发言为经,语有缓急;顺以为解,勿乖其指也。二者交济,莫可一阙。诂而不训,其失则拘而流于琐;汉儒是也。训而不诂,其弊也臆而失之疏;宋儒是也。然赵岐注孟,章别其指,顺文为释,同于口义,亦未详诂。诂而不训,弊起末汉。

宋儒扬之；极明中叶，王阳明起，六经注我；学派既成，师心空谭，比于无征不信矣！清初当阳明之学极盛；独昆山顾炎武竺志六经，谓："经学即理学也。自有舍经学言理学者，乃堕于禅学而不自知！"故持论悉本朱子说；而诃阳明甚峻，至引范武子论"王弼、何晏二人之罪，深于桀纣"以为比况。见《日知录》卷十八《朱子晚年定论》。其持论见《日知录》者可覆按也。自是之后，王学稍衰！而当湖陆陇其著绩循吏；安溪李光地持枢中朝；皆高名雅望，学宗朱子。挟登高之呼，为儒林之宗；而朱子之学于是大昌也！夫朱子之学之所为不同于阳明者；盖阳明只尊德性；而朱子兼道问学也。朱子尝教人看注疏，不可轻议汉儒；云："汉初诸儒专治训诂；如教人亦只言某字训某字，自寻义理而已。"见《语类》卷一百二十七。"自晋以来，却改变得不同；王弼、郭象辈是也。汉儒解经，依经演释。晋人则不然，舍经而自作文。"见《语类》卷六十七。"作文则注与经各为一事；人惟看注疏而忘经。须只似汉儒毛、孔之注，略释训诂名物及文义理致尤难明者；而其易明处，更不须贴句相续；乃为得体。盖如此则读书看注，即知其非经外之文，却须将注再就经上体会，自然思虑归一，功力不分；而其玩索之味，亦益深长矣！"见《记解经》。"学者苟不先涉汉魏诸儒之名物训诂，则亦何以用力于此！"见《语孟集义序》。推奖汉儒甚至，而顾炎武"经学即理学"之论，盖体其旨而发。然则玩索朱学之功深，而渐竟其委于汉儒名物训诂之说，此又必至之势，自然之符也！同时萧山毛奇龄、太原阎若璩稍晚出，皆不慊朱子之注经而有所论说。然若璩以《古文尚书疏证》有大名；而古文二十九篇之伪，《朱子语录》已发其覆；特证佐未具，俟若璩出而搜集，加以论定焉尔。奇龄才气自负，说经长辨驳，尤与宋儒凿枘，而雄辨足以济之；著《四书改错》一书，于朱子盛气攻辨，语或过当！然自明以来，申明汉儒之学，使儒者不敢以空言说经，实奇龄开其先路！厥后元和惠栋自乃祖周惕、父士奇三世传经，其学必求之《十三经注疏》暨《方言》、《释名》、《释文》诸书，而一衷于许慎《说文》以洗宋、元来庸熟之陋。见王昶《春融堂文集·詹事府少詹事钱君大昕墓志铭》。竺信汉学,谓:"汉人通经有家法,故有五经师。训诂之学,皆师所口授,其后乃著竹帛;所以汉经师之说,立于学官,与经并行。古字古言,非经师不能辨。是故古训不可改也,经师不可废也。"见《九经古义》述首。休宁戴震于清儒最为绝出,视惠栋稍后,而其学出自婺源江永,称永学,自汉经师康成后罕其俦匹! 然永尝注朱子《近思录》;所著《礼经纲目》,亦本朱子《仪礼经传通解》。而震传而衍之,乃至摈落一切,诵说汉学,以许慎《说文解字》书为宗,遂尽通《十三经注疏》,能全举其辞,尝曰:"经之至者,道也。所以明道者,其词也。所以成词者,字也。由字以通其词;由词以通其道。"见《东原集》卷九《与是仲明论学书》。学者遵为典则;而东汉许、郑之学于是臻极盛焉! 嘉、道以后,学者又由许、郑之学,溯洄而上;《易》宗虞氏以求孟义,《书》宗伏生、欧阳、夏侯以距马、郑,《诗》宗齐、鲁、韩以正毛、郑,《春秋》宗公、穀以难左氏传,发端于武进庄存与、刘逢禄,极倡于仁和龚自珍、邵阳魏源,乃刊落训诂名物之末,专求所谓微言大义者,号曰西汉今文之学;述伏、董伏生、董仲舒。之遗文,寻武、宣之绝轨,学愈进而愈古,义愈推而愈高! 然则清学者,反本修古,不忘其初者也。方始建国,有钜儒起,循朱子之"道问学",以救王学"尊德性"之空,而其既也,又发西汉今文十四博士之微言大义,以矫东汉名物训诂之碎。于是今古之争,不闻于唐宋而极哗于挽清! 古学先盛于皖南,江永、戴震为之先师。今学再振于常州,庄存与、刘申受导其前路。风气所鼓,寖淫季末。宝应有刘台拱、宝楠、恭冕,仪征有刘文淇、毓崧、寿曾、师培,并称扬州二刘家,父子祖孙,世禅其学;而仪征刘氏四世以《左氏》名家。德清有俞樾,瑞安有孙诒让,余杭有章炳麟,并通经学古;而炳麟师俞樾,亦问业诒让,明习周礼,善声音训诂之学,亦喜言《左氏春秋》,卓然当代古学大师矣! 由是浙江称古学之渊薮,而江南之扬州亚焉! 湘潭王闿运治今文经学,有盛名于同光间。而善化皮锡瑞稍晚出,亦治今文学。而今学昌于湖南! 既,王闿运讲学蜀中,其弟子有井研廖平能大其学。而今学衍于四川! 南海康有为能敷说公羊"改制"以言变法;禅其弟子。新会梁启超益推而大之,至于无垠。而今学极盛于粤东！由是湘、蜀以迤岭南萃今学之秀杰;而常州之声光熠焉！斯其大较然矣！谨拾诵览之所记,匡八家于未逮。最其大指,附于目后。

# 龚自珍《六经正名》

孔子之未生，天下有六经久矣！庄周《天运篇》曰："孔子曰：'某以《六经》奸七十君而不用。'"《记》曰："孔子曰：'人其国，其教可知也。'"有《易》、《书》、《诗》、《礼》、《乐》、《春秋》之教。孔子所睹《易》、《书》、《诗》，后世知之矣。若夫孔子所见《礼》，即汉世出于淹中之五十六篇。孔子所谓《春秋》，周室所藏百二十国宝书，是也。是故孔子曰："述而不作。"司马迁曰："天下言六艺者折衷于孔子。""六经"、"六艺"之名由来久远，不可以臆增益。

善夫汉刘向之为《七略》也！班固仍之，造《艺文志》，序"六艺"为九种，有经，有传，有记，有群书。传则附于经。记则附于经。群书颇关经，则附于经。何谓传？《书》之有大小夏侯、欧阳，传也。《诗》之有齐、鲁、韩、毛，传也。《春秋》之有公羊、穀梁、左氏、邹、夹氏，亦传也。何谓记？大小戴氏所录凡百三十有一篇是也。何谓群书？《易》之有《淮南道训》、《古五子》十八篇，群书之关《易》者也。《书》之有《周书》七十一篇，群书之关《书》者也。《春秋》之有《楚汉春秋》、《太史公书》，群书之关《春秋》者也。然则《礼》之有《周官》、《司马法》，群书之颇关《礼经》者也。汉二百祀，自六艺而传记，而群书，而诸子毕出，既大备。微夫刘子政氏之目录，吾其如长夜乎！何居乎后世有七经、九经、十经、十二经、十三经、十四经之喋喋也！或以传为经：《公羊》为一经，《穀梁》为一经，《左氏》为一经。审如是，是则《韩》亦一经，《齐》亦一经，《鲁》亦一经，《毛》亦一经，可乎？《欧阳》一经，《两夏侯》各一经，可乎？《易》三家，《礼》分庆、戴，《春秋》又有邹、夹，汉世总今古文，为经当十有八；何止十三？如其可也？则后世名一家说经之言甚众，经当以百数。或以记为经：大、小戴二《记》毕称经。夫大、小戴二《记》，古时篇篇单行。然则《礼经》外当有百三十一经。或以群书为经：《周官》晚出，刘歆始立。刘向、班固灼知其出于晚周、先秦之士之掇拾旧章所为，附之于《礼》，等之于《明堂》、《阴阳》而已。后世称为经，是为述刘歆，非述孔氏！善夫刘子政氏之序"六艺"为九种，有苦心焉！斟酌尽善焉！序"六艺"矣，七十子以来，尊《论语》而谭《孝经》小学者，又经之户枢也；不敢以《论语》夷于记，夷于群书也；不以《孝经》还之记，还之群书也；又非传。于是以三种为经之贰。虽为经之贰，而仍不敢悍然加以经之名。向与固可谓博学明辨慎思之君子哉！《诗》云："自古在昔，先民有作。"向与固岂非则古昔、崇退让之君子哉！后世又以《论语》、《孝经》为经。假使《论语》、《孝经》可名经，则向早名之，且曰"序八经"，不曰"序六艺"矣！仲尼未生，先有《六经》；仲尼既生，自明不作；仲尼曷尝率弟子使笔其言以自制一经哉！乱圣人之例，渜圣人之名实以为尊圣，怪哉非所闻！非所闻，然且犹为未快意，于是乎又以子为经。汉有传记博士，无诸子博士。且夫子也者，其术或醇或疵，其名反高于传记。传记也者，弟子传其师，记其师之言也。诸子也者，一师之自言也。传记，犹天子畿内卿大夫也。诸子，犹公侯各君其国，各子其民，不专事天子者也。今出孟子于诸子，而夷之于二戴所记之间，名为尊之，反卑之矣！子舆氏之灵，其弗享是矣！

问："子政以《论语》、《孝经》为经之贰，《论语》、《孝经》则若是班乎？"答："否！否！《孝经》者，曾子以后支流苗裔之书，平易泛滥无大疵，无闳意眇恉，如置之二戴所录中，与《坊记》、《缁衣》、《孔子闲居》、《曾子天圆》比，非《中庸》、《祭义》、《礼运》之伦也。本朝立博士，向与固因本朝所尊而尊之，非向、固尊之也。然则刘向、班固之序'六艺'为九种也，北斗可移，南山可堕，此弗可动矣！"

后世以传为经，以记为经，以群书为经，以子为经，犹以为未快意，则以经之舆台为经，《尔雅》是也。《尔雅》者，释《诗》、《书》之书，所释又《诗》、《书》之肤末。乃使之与《诗》、《书》抗，是尸祝舆台之鬼，配食昊天上帝者也！

## 考证：

孔子之未生，天下有六经久矣。○博按：《说文·系部》："经，织也。"《玉篇》："经纬以成缯布"，借以为经纶天下之意。《易·屯》卦象曰："云雷，屯，君子以经纶。"《周礼·天官·太宰》："以经邦国。"注："经，法也；王谓之礼经，常所秉以治天下也；邦国官府谓之礼法，常所守以为法式也；常者，其上下通名。"然则经者，国家之法典，编著之图籍，设之于官府，而布之于百姓者也；孔子未生之所先有，然整齐异传以编为《六经》，则自孔子始。何以明其然？《史记·周本纪》："西伯盖即位五十年，其囚羑里，盖益《易》之八卦为六十四卦。"《春秋左氏·庄二十二年传》："陈厉公生敬仲，其少也，周史有以《周易》见陈侯者。陈侯使筮之，遇《观》之《否》；曰：'是谓观国之光，利用宾于王。'"引《观》六四爻辞。《僖十五年传》："初，晋献公筮嫁伯姬于秦，遇《归妹》之《睽》。史苏占之曰：'不吉！其繇曰：士刲羊，亦无衁也。女承筐，亦无贶也。'"引《归妹》上六爻词。《二十五年传》："秦伯师于河上，将纳王。狐偃言于晋侯曰：'求诸侯莫如勤王。'筮之，遇《大有》之《睽》，曰：'吉！遇公用享于天子之卦也！'""公用享于天子。"即《大有》九三爻词。《宣二年传》："晋师救郑。知庄子曰：'此师殆哉！《周易》有之，在《师》之《临》曰：师出以律，否臧凶。'"引《师》初六爻词。《襄九年传》："穆姜薨于东宫；始往，而筮之，遇《艮》之八。姜曰：'是于《周易》曰随元亨利贞无咎。'"按《春秋》《公羊》、《穀梁》。传，载襄公二十一年，孔子生。《史记·十二诸侯年表》、《鲁周公世家》、《孔子世家》俱云襄公二十二年，孔子生。襄公二十五年，孔子年五岁，而《春秋左氏·襄二十五年》传，载齐崔武子娶棠姜，遇《困》之《大过》。陈文子曰："其繇曰：'困于石，据于蒺藜，入于宫，不见其妻凶！'"引《周易·困》六三爻词。昭公二年，孔子年十二岁；而《春秋左氏·昭二年传》载晋侯使韩宣子来聘，观书太史，见《易象》。此孔子未生先有《易》之证也。《史记·夏本纪》叙启作《甘誓》；太康失位，昆弟五人，作《五子之歌》；中康作《胤征》。《殷本纪》叙汤作《帝诰》、《汤征》、《汤誓》、《夏社》、《汤诰》；伊尹作《女鸠》、《女房》、《咸有一德》、《伊训》、《肆命》、《徂后》、《太甲训》；义伯、仲伯作《典宝》；中𡘌作《诰》；咎单作《明居》、《沃丁》；伊陟作《咸艾》，作《太戊》，作《原命》，殷复衰，百姓思盘庚，乃作《盘庚》三篇；祖己作《高宗肜日》及训。《周本纪》叙古公作《五官有司》；武王作《泰誓》、《牧誓》、《武成》，封诸侯，班赐宗彝，作《分殷之器物》；周公作《大诰》、《微子之命》、《嘉禾》、《康诰》、《酒诰》、《梓材》、《召诰》、《洛诰》、《多士》、《无佚》；成王作《归禾》、《多方》、《周官》，作《贿息慎之命》；召公、毕公作《顾命》；康王作《康诰》、《毕命》；穆王作《臩命》、《甫刑》。《齐太公世家》叙武王与太公作此《太誓》。《鲁周公世家》叙周公佐武王，作《牧誓》，作《大诰》；成王作《馈禾》；周公作《嘉禾》、《多士》、《毋逸》、《周官》，《周本纪》云："成王自奄归，在宗周作《多方》；既绌殷命，袭。淮夷归，在丰作《周官》。"《立政》；伯禽作《肸誓》《尚书》作《粊誓》。《燕召公世家》叙周公摄政当国，召公疑之，作《君奭》。其中有见今文《尚书》二十九篇者十九，即《夏书》之《甘誓》，《商书》之《汤誓》、《盘庚》、《高宗肜日》，《周书》之《太誓》、《牧誓》、《大诰》、《康诰》、《酒诰》、《梓材》、《召诰》、《洛诰》、《多士》、《毋逸》、《君奭》、《多方》、《顾命》、《康王之诰》，《周本纪》云："康王即位，偏告诸侯，宣告以文武之业，作《康诰》。"亦云《康诰》，不云《康王之诰》。《甫刑》十九篇，是也。有其文已佚，而著目百篇之序者二十九；即《夏书》之《五子之歌》、《胤征》，《商书》之《帝诰》、《汤征》、《夏社》、《女鸠》、《女房》、《咸有一德》、《伊训》、《肆命》、《徂后》、《太甲训》、《典宝》、《仲虺之诰》，仲虺，《殷本纪》作中𡘌。《明居》、《沃丁》、《咸𩆜》，咸𩆜，《殷本纪》作咸艾。《伊陟》、《原命》，《周书》之《武成》、《分器》、《微子之命》、《归禾》，归禾，《鲁世家》作馈禾。《嘉禾》、《周官》、《立政》、《贿息慎之命》、《毕命》、《臩命》二十九篇，是也。有《尚书》佚其篇，而《史记》存其文者，如《殷本纪》载《汤诰》之辞，是也。有百篇无其目，而《史记》著其作者，如《殷本纪》之著《伊陟》作《大戊》，《周本纪》之著《古公》作《五官有司》，皆不见百篇叙，是也。然亦有《史记》载其文其事，略与今文二十九篇同而不著曰"作"者，如《五帝本纪》之采《尧典》；《夏本纪》之采《禹贡》、《皋陶谟》；《殷本纪》叙西伯伐饥国，灭之。《周本纪》作者。纣之臣祖伊闻之而咎周，恐奔告纣曰云云，即《西伯戡黎》之文，而不同《百篇叙》称"祖伊恐，奔告于受作《西伯戡黎》"；《鲁周公世家》叙武王有疾，太公、召公乃缪卜，周公曰："未可以戚我先王"，即《金縢》之文，而不同《百篇叙》称"武王有疾，周公作《金縢》"；《宋微子世家》叙微子度纣终不可谏，乃问于太师、少师曰云云，即《微子》之文；又叙武王既克殷访问箕子，箕子对曰云云，即《洪范》之文；而不同《百篇叙》称"微子作《诰父师少师》"，"武王以箕子归，作《洪范》。"《秦本纪》叙缪公封崤中尸，为发丧，哭之三日，乃誓于军；而不同《百篇叙》云"作《秦誓》"。盖史公明称曰"作"者，知是圣帝明佐吁谟定命之所自作；而不称"作"者，或以为出古史之记事记言也。稽其述作，皆在孔子之前数百年。此孔子未生先有《书》之证也。《周语》载厉王说荣夷公，芮良夫引《颂》曰："思文后稷，克配彼天，立我蒸民，莫匪尔极。"《大雅》曰："陈锡载周。"此在《春秋》以前者也。《春秋》之世，列国会盟聘享，君卿大夫赋诗言志，著见《春秋左氏传》者二十五；而在襄公二十一年以前者，得十四事。如秦伯享晋公子重耳；重耳赋《河水》，秦伯赋《六月》，见僖二十三年。卫宁俞来聘，公与之宴，为赋《湛露》及《彤弓》，见文四年。晋先蔑奔秦，荀林父为赋《板》之三章，见文七年。郑伯与公宴于棐；子家赋《鸿雁》；季文子赋《四月》；子家赋《载驰》之四章；文子赋《采薇》之四章；见文十三年。季文子如宋致女，复命；公享之，赋《韩奕》之五章；穆姜出于房，赋《绿衣》之卒章；见成九年。穆叔如晋；晋侯享之，金奏《肆夏》之三；工歌《文王》之三，《鹿鸣》之三；见襄四年。范宣子执戎子驹支；戎子赋《青蝇》；叔向见叔孙穆子，穆子赋《匏有苦叶》；又卫侯饮孙蒯酒，使太师歌《巧言》之卒章；见襄十四年。穆叔如晋，见中行献子，赋《圻父》;见范宣子赋《鸿雁》之卒章;见襄十六年。季武子如晋,晋侯享之;范宣子赋《黍苗》;季武子赋《六月》;穆叔会范宣子于柯,赋《载驰》之四章,见襄十九年。而《襄二十年传》载季武子如宋报聘,褚师段逆之以受享,赋《常棣》之七章以卒;复命,公享之,赋《鱼丽》之卒章;公赋《南山有台》;则在孔子生之前一年矣。此孔子未生先有《诗》之证也。《尚书·尧典》载舜咨伯夷,典朕三礼,命夔典乐。《礼记·文王世子》曰:"秋学礼,执礼者诏之。冬读《书》,典《书》者诏之。"《王制》曰:"乐正崇四术,立四教,顺先王《诗》、《书》、《礼》、《乐》以造士。"《庄子·天下篇》载:"黄帝有《咸池》,尧有《大章》,舜有《大韶》,禹有《大夏》,汤有《大濩》,文王有《辟雍之乐》。武王、周公作《武》。"而《史记·秦本纪》亦载由余观秦;秦缪公问曰:"中国以《诗》、《书》、《礼》、《乐》法度为政"云云。此又孔子未生先有《诗》、《书》、《礼》、《乐》之证也。《楚语》载庄王使士亹傅太子箴,问于申叔时,叔时曰:"教之《春秋》。"《晋语》载司马侯对晋悼公云:"羊舌肸习于《春秋》。"按楚庄王在位二十三年,卒于鲁宣公十六年,前孔子之生三十八年。晋悼公在位十五年,卒于鲁襄公十五年,前孔子之生六年。而孔子生襄公二十一年;至昭公二年,孔子年十二岁,而晋韩起聘鲁,见《鲁春秋》,语著《春秋左氏传》。《礼记·坊记》载子引《鲁春秋》记晋丧曰"杀其君之子夷齐"。此孔子未生先有《春秋》之证也。然则《易》、《书》、《诗》、《礼》、《乐》、《春秋》六者,先孔子而有其名,而整齐异传以编次成书者,盖孔子之所致力也。《庄子》书两言经,皆以孔子之故。一见《天道篇》:孔子西藏书于周室,往见老聃;而老聃不许;于是翻十二经以说。《释文》:"十二经说者,云《诗》、《书》、《礼》、《乐》、《易》、《春秋》六经,又加六纬也。"一见《天运篇》:孔子谓老聃曰:"丘治《诗》、《书》、《礼》、《乐》、《易》、《春秋》六经。"老子曰:"六经者,先王之陈迹也。"然则《诗》、《书》、《礼》、《乐》、《易》、《春秋》六经者,特"先王之陈迹",而孔子有事于"治"耳。《史记·孔子世家》叙之綦详;其言曰:"孔子之时,周室微而礼乐废,《诗》、《书》缺,追迹三代之礼,序《书传》,上纪唐、虞之际,下至秦穆，编次其事。曰：'夏礼吾能言之，杞不足征也！殷礼吾能言之，宋不足征也！'观殷、夏所损益；曰：'后虽百世可知也，以一文一质，周监二代，郁郁乎文哉！吾从周。'"故《书传》《礼记》自孔氏。孔子语鲁太师："乐其可知也。始作，翕如。纵之纯如，皦如。绎如也以成。""吾自卫反鲁，然后乐正，《雅》《颂》各得其所。"古者《诗》三千馀篇，及至孔子，去其重，取可施于礼义，上采契、后稷，中述殷周之盛，至幽、厉之缺，始于衽席；故曰："《关雎》之乱以为《风》始，《鹿鸣》为《小雅》始，《文王》为《大雅》始，《清庙》为《颂》始。"三百五篇，孔子皆弦歌之，以求合《韶武》《雅》《颂》之始。礼乐自此可得而述，以备王道，成六艺。孔子晚而喜《易》，《序》《彖》《系》《象》《说卦》《文言》；读《易》，韦编三绝；曰："假我数年，若是，我于《易》则彬彬矣。"子曰："弗乎弗乎！君子病殁世而名不称焉。吾道不行矣，吾何以自见于后世哉！"乃因《史记》作《春秋》，上至隐公下讫哀公十四年十二公；据鲁亲周故殷，运之三代，约其文辞而指博。故吴、楚之君自称王，而《春秋》贬之曰"子"；践土之会实召周天子，而《春秋》讳之曰"天王狩于河阳"；推此类以绳当世，贬损之义，后有王者举而开之；《春秋》之义行，则天下乱臣贼子惧焉！孔子在位，听讼文辞，有可与人共者，弗独有也！至于为《春秋》，笔则笔，削则削，子夏之徒，不能赞一辞。弟子受《春秋》，孔子曰："后世知丘者以《春秋》！而罪丘者亦以《春秋》！"于《礼》曰"追迹三代"；于《书》曰"上纪唐虞之际，下至秦缪"；于《诗》曰"古者《诗》三千馀篇"；于《春秋》曰"因《史记》作《春秋》，上至隐公，下讫哀公十四年十二公"；所以著《六经》之为"先王之陈迹"也。于《书传》曰"序"，曰"编次其事"，于《礼》曰"观夏、殷所损益"，曰"从周"；于《乐》曰"自卫反鲁，乐正，《雅》《颂》各得其所"；于《诗》曰"孔子去其重，取可施于礼义"；于《易》曰"《序》《彖》《系》《象》《说卦》《文言》"；于《春秋》曰"据鲁亲周故殷，运之三代，约其文辞而指博"，曰"笔则笔，削则削"；所以著孔子之"治《诗》《书》《礼》《乐》《易》《春秋》六经"也。然则六经之有，先于孔子之生；而六经之编，则成孔子之手。史公大书特书曰："礼乐自此可得而述,以明王道,成六艺",明六艺之成自孔子;不得孔子,虽有礼乐散在方策,不可得而述也。于是官府之典,一变而为专家之学。《史记·孔子世家》曰:"孔子以《诗》、《书》、《礼》、《乐》教弟子盖三千焉,身通六艺者七十二人。"随所闻见,辩释考论,或为之传,或为之记。何谓传?刘勰《文心雕龙·史传篇》曰:"传者转也,转受经旨以授于后。"如《易》之有《系辞传》,皮锡瑞《易经通论》曰:"今之《系辞》上下篇,古以为《系辞传》。"《释文》:"王肃本有传字,乃《系辞》之传。"孔子弟子所作系辞,中明有"子曰",必非孔子手笔;《史记·自序》引系辞之文为《易大传》,是其明证也。《仪礼·丧服第十一》之有《子夏传》;《春秋》之有《左氏传》、《公羊传》、《穀梁传》;是也。何谓记?《说文》言部:"记,疋也。"段玉裁《注》:"疋,今字作疏,谓分疏而识之也。"如《礼》之有《大戴记》、《小戴记》;是也。张华《博物志》曰:"圣人著作曰经,贤者著述曰传。"此如释家以佛所说为经,禅师所释为律论也。迨汉以后诸儒解释圣经贤传之书,则或曰注:如《易》之题王弼《注》、韩康伯《注》;《周礼》、《仪礼》、《礼记》之题郑玄《注》;《春秋左氏传》之题杜预《注》;《孝经》之题唐元宗明皇帝《御注》;《尔雅》之郭璞《注》;《孟子》之赵岐《注》;是也。或曰传:如《书》之题孔氏《传》;《诗》之毛公《传》;是也。或曰笺:如《诗》之郑玄《笺》;是也。或曰学:如《春秋公羊传》之题何休《学》;是也。或曰集解:如《春秋穀梁传》之题范宁《集解》。《论语》之何晏《集解》;是也。后人通谓之注。然《汉书·艺文志·六艺略》著录诸家经解,无称注者。或曰传:如《易》之有《易传》周氏二篇、服氏二篇、杨氏二篇、蔡公二篇、韩氏二篇、王氏二篇、丁氏八篇;《尚书》之有《传》四十一篇;《诗》之有《齐后氏传》三十九卷、《齐孙氏传》二十八卷、《韩内传》四卷、《外传》六卷;《周官经》之有《周官传》四篇;《孝经》之有《杂传》四篇;是也。或曰故,曰解故,曰故训传。师古曰:"故者通其指意。"《尚书》之有大小夏侯《解故》二十九篇;《诗经》之有《鲁故》二十五卷、《齐后氏故》二十卷、《齐孙氏故》二十七卷、《韩故》三十六卷、《毛诗故训传》三十卷等皆是。然则西京之书多称故，而东汉以后才称注也。唐以后辩释经注之书，则谓之疏。注以释经，疏以辩注。如《易》、《书》、《诗》、《礼记》、《春秋左氏传》之孔颖达《疏》；《周礼》、《仪礼》之贾公彦《疏》；《春秋公羊传》之徐彦《疏》；《穀梁传》之杨士勋《疏》；《孝经》、《论语》、《尔雅》之邢昺《疏》；孟子之孙奭《疏》；是也。或亦曰正义，有是正其义之意；则有如《易》之篇首题"孔颖达奉敕撰《正义》"焉。

有经，传，有记。○详见前条。

何居乎后世有七经、九经、十经、十二经、十三经、十四经之喋喋也。○博按：《庄子》书有十二经、六经之名。《天道篇》称"孔子翻十二经以说"。《天运篇》："孔子谓老聃曰：'丘治《诗》、《书》、《礼》、《乐》、《易》、《春秋》六经。'"十二经者，谓六经与六纬也。汉亡《乐经》，武帝建平元年，初置五经博士；乃以《易》、《诗》、《书》、《礼》、《春秋》立于学官。五经之名始定。至后汉有七经之目，谓《诗》、《书》、《礼》、《乐》、《易》、《春秋》及《论语》也。《宋书·百官志》："国子助教十人。《周易》、《尚书》、《毛诗》、《礼记》、《周官》、《仪礼》、《春秋左氏传》、《公羊》、《穀梁》各为一经。《论语》、《孝经》为一经。合十经。助敬分掌。"此十经之说也。唐以《周礼》、《仪礼》、《春秋公羊》、《穀梁》分而习之，并《易》、《书》、《诗》、《礼记》、《春秋左氏》为九经，列于学官。然开成间，刻石国子学，则又有《孝经》、《论语》、《尔雅》，是为十二经也。至宋儒进《孟子》以配《论语》，而十三经之名以立。所谓十四经者，先时尝并《大戴记》于十三经末，称十四经也。

# 章学诚《经解》

《六经》不言《经》,《三传》不言《传》,犹人各有我而不容我其我也。依经而有传,对人而有我,是经传人我之名,起于势之不得已,而非其质本尔也。

《易》曰:"上古结绳而治。后世圣人易之以书契,百官以治,万民以察。"夫为治为察,所以宣幽隐而达形名,布政教而齐法度也,未有以文字为一家私言者也。《易》曰:"云雷,屯,君子以经纶。"经纶之言,网纪世宙之谓也;郑氏《注》谓"论撰书礼乐施政事"。经之命名所由昉乎?然犹经纬经纪云尔,未尝明指《诗》、《书》、六艺为经也。三代之衰,治教既分。夫子生于东周,有德无位,惧先圣王法积道备,至于成周,无以续且继,而至于沦失也;于是取周公之典章,所以体天人之撰而存治化之迹者,独与其徒相与申而明之。此六艺之所以虽失官守而犹赖有师教也。然夫子之时,犹不名经也。逮夫子既没,微言绝而大义将乖,于是弟子门人各以所见、所闻、所传闻者,或取简毕,或授口耳,录其文而起义;《左氏春秋》、子夏《丧服》诸篇,皆名为传。而前代逸文不出于六艺者,称述皆谓之传,如孟子所对"汤、武及文王之囿",是也。则因传而有经之名,犹之因子而立父之号矣。至于官师皆分,处士横议,诸子纷纷著书立说,而文字始有私家之言,不尽出于典章政教也。儒家者流,乃尊六艺而奉以为经,则又不独对传为名也。荀子曰:"夫学,始于诵经,终于习礼。"庄子曰:"孔子言治《诗》、《书》、《礼》、《乐》、《易》、《春秋》六经。"又曰:"翻十二经以见老子。"荀、庄皆出子夏门人,而所言如是,六经之名,起于孔门弟子亦明矣。然所指专言六经,则以先王政教典章纲维天下;故《经解》疏别六经,以为入国可知其教也。《论语》述夫子之言行,《尔雅》为群经之训诂,《孝经》则又再传门人之所述,与《缁衣》、《坊表》诸记相为出入者尔。刘向、班固之徒,序类有九,而称艺为六,则固以三者而附之于经,所谓离经之传,不与附经之传相次也。

当时诸子著书往往自分经传;如撰辑《管子》者之分别经言,《墨子》亦有《经篇》,《韩非子》则有《储说》经传,盖亦因时立义,自以其说相经纬尔,非有所拟而僭其名也。经固尊称,其义亦取综要,非如后世之严也。圣如夫子而不必为经,诸子有经以贯其传,其义各有攸当也。

后世著录之家,因文字之繁多,不尽关于纲纪,于是取先圣之微言,与群经之羽翼皆称为经,如《论语》、《孟子》、《孝经》与夫《大小戴记》之别于《礼》,《左氏》、《公》、《榖》之别于《春秋》,皆题为经,乃有九经、十经、十三、十四诸经以为专部,盖尊经而并及经之支裔也。而儒者著书,始严经书,不敢触犯,则尊圣教而慎避嫌名,盖犹三代以后非人主不得称我为朕也。然则今之所谓经,其强半皆古人之所谓传也。古之所谓经,乃三代盛时典章法度见于政教行事之实,而非圣人有意作为文字以传后世也。

事有实据而理无定形,故夫子之述《六经》,皆取先王典章,未尝离事而著理。后儒以圣师言行为世法则,亦名其书为经,此事理之当然也;然而以意尊之,可以意僭之矣。盖自官师之分也,官有政,贱者必不敢强干之,以有据也。师有教,不肖者辄敢纷纷以自命,以无据也。孟子时,以杨墨为异端矣。杨氏无书。墨翟之书,初不名经;虽有"经篇"、"经说",未名全书为"经"。而庄子乃云"苦获、邓陵之属,皆诵墨经",则其徒自相崇奉而称经矣。东汉秦景之使天竺,四十二章皆不名经,佛经皆中国翻译,竺书无经字。其后华言绎受,附会称经,则亦文饰之辞矣。《老子》二篇,刘、班著录,初不称经;《隋志》乃依《阮录》称《老子经》,意者《阮录》称于梁世,梁武崇尚异教,则佛老皆列经科,其所仿也?而加以《道德真经》,与庄子之加以《南华真经》,列子之加以

《冲虚真经》，则开元之元教设科，附饰文致，又其后而益甚者也。韩退之曰："道其所道，非吾所谓道"，则名教既殊，又何妨于经其所经，非吾所谓经乎！

若夫国家制度，本为经制。李悝《法经》，后世律令之所权舆。唐人以律设科。明祖颁示大诰，师儒讲习以为功令，是即《易》取经纶之意。国家训典，臣民尊奉为经，义不背于古也。

孟子曰："行仁政必自经界始。"地界言经，取经纪之意也；是以地理之书，多以经名。《汉志》有《山海经》，《隋志》乃有《水经》，后代州郡地理多称图经，义皆本于经界，书亦自存掌故，不与著述同科，其于六艺之文，固无嫌也。

至于术数诸家，均出圣门制作。周公经理垂典，皆守人官物曲而不失其传；及其官司失守，而道散品亡，则有习其说者相与讲贯而授受，亦犹孔门传习之出于不得已也。然其口耳之学，不能历久而不差，则著于竹帛以授之其人，亦其理也，是以至战国而羲、农、黄帝之书一时杂出焉，其书皆称古圣，如天文之《甘石星经》，方技之《灵素》《难经》，其类实繁，则犹匠祭鲁班，兵祭蚩尤，不必著书者之果为圣人，而习是术者奉为依归，则亦不得不尊以为经言者也。又如《汉志》以后杂出春秋、战国时书，若师旷《禽经》、伯乐《相马之经》，其类亦繁，不过好事之徒，因其人而附合，或略知其法者托古人以鸣高，亦犹儒者之传梅氏《尚书》，与子夏之《诗大序》也。

他若陆氏《茶经》，张氏《棋经》，酒则有《甘露经》，货则有《相贝经》，是乃以文为谐戏，本无当于著录之指，譬犹毛颖可以为传，蟹之可以为志，琴之可以为史，荔枝、牡丹之可以为谱耳！此皆若有若无，不足议也！

盖即数者论之：异教之经，如六国之各王其国，不知周天子也；而《春秋》名分，人具知之，彼亦不能窃而据也。制度之经，时王之法，一道同风，不必皆以经名；而礼时为大，既为当代臣民，固当率由而不越;即服膺六艺,亦出遵王制之一端也。术艺之经,则各有其徒相与守之,固无虞其越畔也。至谐戏而亦以经名,此赵佗之所谓妄窃帝号,聊以自娱,不妨谐戏置之。六经之道,如日中天,岂以是为病哉!

# 魏源《两汉经师今古文家法考序》

　　余读《后汉书·儒林传》，卫、杜、马、贾诸君子，承刘歆之绪论，创立费、孔、毛、左古文之宗，土苴西京十四博士今文之学，谓之俗儒，废书而唁！

　　夫西汉经师承七十子微言大义。《易》则施、孟、梁丘，皆能以占变知来。《书》则大小夏侯、欧阳、兒宽，皆能以《洪范》匡世主。《诗》则申公、辕固生、韩婴、王吉、韦孟、匡衡，皆以《三百篇》当谏书。《春秋》则董仲舒、隽不疑之决狱。《礼》则鲁诸生、贾谊、韩元成之议制度。而萧望之等皆以《孝经》、《论语》保傅辅道。求之东京，未或有闻焉！其文章述作，则陆贾《新语》以《诗》、《书》说高祖。贾谊《新书》为汉定制作。《春秋繁露》、《尚书大传》、《韩诗外传》、刘向《五行》、扬雄《太玄》皆以其自得之学，范阴阳，矩圣学，规皇极，斐然与三代同风。而东京亦未有闻焉！

　　今世言学，则必曰"东汉之学胜西汉，东汉郑、许之学综六经。"於戏！二君惟六书、《三礼》并视诸经为宏深！故多用今文家法。及郑氏旁释《易》、《诗》、《书》、《春秋》皆创异门户，左今右古。其后郑学大行，骎淫遂至《易》亡施、孟、梁丘，《书》亡夏侯、欧阳，《诗》亡齐、鲁、韩，《春秋》亡邹、夹；公羊、穀梁半亡半存，亦成绝学。谶纬盛，经术卑，儒用绌。晏、肃、预、谧之徒，始得以清言名理并起持其后。东晋梅赜《伪古文书》遂乘机窜入，并马、郑亦归于沦佚。西京微言大义之学，坠于东京。东京典章制度之学，绝于隋唐。两汉故训声音之学，熄于魏晋。其道果孰隆替哉？且夫文质再世而必复。天道三微而成一著。今日复古之要，由诂训音声以进于东京典章制度，此齐一变至鲁也。由典章制度以进于西汉微言大义，贯经术政事文章于一，此鲁一变至道也。

道光商横摄提格之岁，源既叙武进刘申甫先生遗书，略陈群经家法。兹乃推广遍集两汉《儒林传》、《艺文志》之文，凡得《周易》今文家施氏学第一，梁丘学第二，孟喜氏学第三，孟氏学旁出京氏、焦氏第四，《周易》古文家费氏学第五；其流为荀氏卦气之学，郑玄爻辰之学，此外又有虞翻消息卦变之学。斯为《易》学今古文传授大概也。《尚书》今文列于博士者，有伏生、欧阳、大小夏侯二十八篇之学。有孔安国古文四十余篇之学；东汉初刘歆、杜林、卫宏、贾逵、马融、郑康成又别创古文之学，其篇次与今文同；而孔安国佚十六篇并无师说，此皆不列于博士者。及东晋伪古文及《伪孔传》出，唐代列于学校；而伏、欧之今文，马、郑之古文，同时并亡。予据《大传》残编，加以《史记》、《汉书》、诸子所征引，共成《书古微》。斯《尚书》今古文传授大概也。《诗》则汉初皆习齐辕固生、鲁申公、韩婴三家；惟《毛诗》别为古文。郑康成初年习《韩诗》，及笺《诗》改从毛，于是齐、鲁、韩次第佚亡，今惟存毛《传》。及宋朱子、王应麟始略采三家《诗》残文而未得条纪；明何楷本朝范家相、桐城徐璈次第搜辑，始获三家诗十之七八；而余发挥之成《诗古微》。此诗今古文大概也。小学以《说文》为大宗，历代罕究。国朝顾炎武始明音学，而段、王二氏发明《说文》、《广雅》。惟转注之说尚有疏舛，予特为发明之。此小学家之大概也。《礼经》则禘祫之义，王肃与郑玄抗衡。郑主纬书感生五帝之说，肃主人帝为始祖所自出之帝，输攻墨守，秦固失之，楚亦未得！而郑玄《周礼》注计口出泉，至宋遂启王安石新法之祸。惟宋朱子纂《仪礼经传通解》，分家礼、邦国礼、王朝礼、丧祭礼，合《三礼》为一书，集三代古礼之大成，又欲采后世制度因革损益以择其可行，国朝《读礼通考》、《五礼通考》实成其志。此则古今《三礼》之大概也。今采史志所载各家立案于前，而后随人疏证，略施断制于后；俾承学之士法古今者，一披览而群经群儒灿然如处一堂。识大识小，学无常师，以为后之君子，亦将有乐于斯乎！作《两汉经师今古文家法考》。

## 考证：

宋朱子纂《仪礼经传通解》，分家礼、邦国礼、王朝礼、丧祭礼，合《三礼》为一书，集三代古礼之大成，又欲采后世制度因革损益以择其可行，国朝《读礼通考》《五礼通考》实成其志。〇博按：让清礼书之大著作有三：曰《读礼通考》；曰《五礼通考》；曰《礼书通故》。先是昆山徐乾学于康熙间，以赞善居母忧，请鄞县万斯同纂《读礼通考》，凡百二十卷，自国邮及家礼，十四经之笺疏，廿一史之志传，汉、唐、宋诸儒之文集说部，无或遗者；为言丧礼最详备之书。至乾隆时，无锡秦蕙田以经学名儒官礼部侍郎；考古今礼制因革，以为："礼自秦火后，汉儒抱残守缺，厪存什一。朱子尝有志编次朝廷公卿大夫士民礼，尽汉晋以下诸儒之说，考订辨正，以为当代之典；而所撰《仪礼经传通解》，体例未备。丧祭礼又续自勉斋黄氏、信斋杨氏，未为完书。"乃本昆山徐氏《读礼通考》义例，按吉、凶、军、宾、嘉之目，取向所考定者，增辑排纂，有《五礼通考》之作，凡二百六十二卷；其中先儒聚讼之说，一一疏通解驳，上探古人制作之原，下不违当代之法，可以坐言起行。湘乡曾国藩极称其书，以为"三礼之外，得此而四"；然亦有讥其多援引而少断制者。德清俞樾序《礼书通故》，论及秦氏《通考》，以为："按而不断，无所折衷，可谓礼学之渊薮，而未足为治礼者之艺极。不如《礼书通故》之有断制。"《礼书通故》，定海黄以周作也；凡百卷，列五十目，囊括大典，博征古说，盖与秦氏《通考》比隆；其校核异义过之！诸先儒不决之义，尽论定之矣；然秦氏非不能论定也。方秦氏著书之日，同县顾栋高致书论之，即以为"援引多而断制少，如礼书总账簿"。而秦氏答书，则曰："援引者，断制之所从出也。断制者，援引之归宿也，苟不援引，何从断制？善援引者，正即援引而成断制，非两事也；古云议礼如聚讼。如欲听讼，由堂上而观堂下，必使两造具备，师听五辞，五辞简孚，而后正于五罚。若不听其辞，穷其变态，得其真情，而遽以己意断之；吾未见其明允也。"然则秦氏非不能断制也，盖慎之也！读秦氏《通考》者，此重公案，不可不知！

作《两汉经师今古文家法考》。○博按：经学之分今古先汉无是也；而今古所以分，其先由于文字之异。今文者，今所谓隶书，宋洪适《隶释》著录汉灵帝熹平四年蔡邕书刻太学门外《石经》一千九百馀残字内《鲁诗》、小夏侯《尚书》、《仪礼》、《公羊春秋》、《鲁论语》。及孔庙等处汉碑是也。古文者，盖仓颉之古文，史籀之大篆，世所传三代鼎彝、歧阳石鼓及许慎《说文》所载古文籀文是也。隶书，汉世通俗宜民之书，故谓之今文。而颉文籀篆，盖三代之书，而汉代之所不行，斯谓之古文矣。惟六经之今文书，《汉书·艺文志》六艺略例不明著，以世人之所诵识，其为今文，不待言也；至古文书，则以其殊异今文，故特表而出之；如《易》之有中古文《易经》。《书》之有《古文经》四十六卷为五十七篇；叙称："《古文尚书》者，出孔子壁中。武帝末，鲁恭王坏孔子宅，欲以广其宫，而得《古文尚书》及《礼记》、《论语》、《孝经》凡数十篇，皆古字也。孔安国者，孔子后也，悉得其书以考二十九篇，得多十六篇。"《礼》之有《礼古经》五十六卷；叙称："《礼古经》者出于鲁淹中及孔氏，与十七篇文相似，多三十九篇。"《春秋》之有《春秋古经》十二篇。《论语》之有《论语古》二十一篇。《孝经》之有《孝经古孔氏》一篇，是也。然所谓今古文者，特文字之殊古今耳，无预于学派也。考汉儒治经，有读《古文尚书》以今文字者；《汉书·儒林传》叙"孔氏有《古文尚书》，孔安国以今文字读之，因以起其家"，是也。则亦有校今文经以古文，可考见者始刘向。《本传》称："向受《穀梁春秋》，大明习，及歆见《古文春秋左氏传》，大好之，数以难向。向不能非间也；然犹自持其《穀梁》义。"说者谓父子异学，向今文而歆古文也。然向校经不废古文。《艺文志》称："刘向以中古文《易经》校施、孟、梁丘《经》，或脱去无咎悔亡，惟费氏《经》与古文同。"而《尚书》则"刘向以中古文校欧阳、大小夏侯三家经文，《酒诰》脱简一，《召诰》脱简二，率简二十五字，脱亦二十五字，简二十二字，脱亦二十二字，文字异者七百有馀，脱字数十。"后汉郑玄本习《小戴礼》，后以古经校之，取其义长者，故为郑氏学，见《后汉书·儒林传》。而其注《论语》，则就《鲁论》篇章，考之《齐》、《古》，见何晏《论语集解序》。此以古文经校今文者也。惟古文之经，先汉已有；而古文之学，后汉乃名。班固作《汉书》，特著"古文经"、"古经"于《艺文志》；如所称"尚书古文经"、"礼古经"者，以见六经之有古文；而不于《儒林传》叙古文学，如《后汉书·儒林传》称"费直传《易》本以古字，号古文《易》"，"孔安国传古文《尚书》为《尚书》古文学"者，所以明经有古文之不涉于学。盖学之名家，自有树义，而不在古文不古文。如树义有违；则《易》施、孟、梁丘三家，《书》欧阳、大小夏侯三家，同用今文，而不嫌各自名家。傥篇简可信；则孔安国以今文字读古文《尚书》而无嫌；刘向受穀梁《今文》，而以中古《易经》校施、孟、梁丘《经》，以中古文校《尚书》欧阳、大小夏侯三家经文，亦无所违害。刘歆与五经博士议论建立《左氏春秋》及古文《尚书》；诸博士以《尚书》为备，谓左氏为不传《春秋》，见歆《移让太常博士书》，亦不闻以古文而排难之也。《儒林传》叙《易》费氏于施、孟、梁丘、京之后，《诗》毛公于齐、鲁、韩三家之后，《春秋》左氏于公羊、穀梁之后，皆晚出。不因古文。至曰："孔氏有古文《尚书》，孔安国以今文字读之，因以起其家，逸书得十馀篇，盖《尚书》滋多于是矣。"特言乎文字之古，篇简之多耳；宁如欧阳、大小夏侯例，而特笔著之曰"由是《尚书》有孔氏古文之学"，盖古文《尚书》，所以题号其书，而非学派之名。乃《后汉书·儒林传》则曰："孔安国传古文《尚书》，为《尚书》古文学。"而"《尚书》古文学"之名始立。又曰："卫宏与河南郑兴俱好古学。初九江谢曼卿善《毛诗》，宏从曼卿受学，因作《毛诗序》，善得风雅之旨，于今传于世。"由是《毛诗》名古学矣！又《郑兴传》曰："兴好古学，尤明《左氏》、《周官》。"由是《左氏》、《周官》名古学矣！许慎撰《五经异义》，有《古尚书》说，《今尚书》夏侯、欧阳说；《古毛诗》说，《今诗》韩、鲁说；《古周礼》说，《今礼》戴说，《古春秋》左氏说,《今春秋》公羊说;《古孝经》说,《今孝经》说,皆分别古今言之。然《今尚书》夏侯、欧阳之于《古尚书》,《今诗》韩、鲁之于《古毛诗》,《今礼》戴之于《古周礼》,虽不并立而未闻排难也。独《左氏》、《公羊》相攻如仇;而今古说之争,实惟二家为烈!极盛东京而肇端先汉。《汉书·儒林传》称:"房凤明经通达,擢光禄卿,迁五官中郎将。时光禄勋王龚以外属内卿,与奉车都尉刘歆共校书,三人皆侍中。歆白《左氏春秋》可立。哀帝纳之,以问诸儒。皆不对。歆于是数见丞相孔光。为言左氏以求助。光卒不肯;惟凤、龚许歆,遂共移书责让太常博士。大司空师丹奏歆非毁先帝所立。上于是出龚等补吏。"是为《左氏》肇衅之始。《后汉书·范升陈元传》叙:"尚书令韩歆上疏欲为《费氏易》、《左氏春秋》立博士,诏下其议。升起对奏左氏之失凡十四事,及《左氏春秋》不可立三十一事。陈元闻之,乃诣阙上疏曰:'升等所言,前后相违,皆断截小文,指为大尤,小辩破言,小言破道。'书奏。范升复与元相辩难凡十余上。帝卒立《左氏》学。"《贾逵传》云:"肃宗立,降意儒术,特好《古文尚书》、《左氏春秋》。建初元年,诏逵入讲北宫白虎观,南宫云台。帝善逵说,使出《左氏传》大义长于二传者。逵于是具条奏之曰:'臣谨摘出《左氏》三十事尤著明者,斯皆君臣之正义,父子之纪纲;其余同《公羊》者什有七八;或文简小异,无害大体。至如蔡仲纪季、伍子胥叔术之属,《左氏》义深于君父。《公羊》多任于权变,其相殊绝,固已甚远!而冤抑积久,莫肯分明!'书奏。帝嘉之;令逵自选《公羊》严、颜诸生高才者二十人,教以《左氏》,与简纸经传各一通。"《儒林传》曰:"李育颇涉猎古学,尝读《左氏传》,虽乐文采,然谓不得圣人深意;以为前世陈元、范升之徒,更相非折,而多引图谶,不据理体;于是作《难左氏义》四十一事。建初四年,诏与诸儒论《五经》于白虎观。育以《公羊》义难贾逵,往返皆有理证,最为通儒!"又称:"何休以《春秋》驳汉事六百余条,妙得《公羊》本意。""服虔又以《左传》驳何休之所驳汉事六十条。""休与其师博士羊弼追述李育意以难二传,作《公羊墨守》、《左氏膏肓》、《穀梁废疾》。"《郑玄传》云:

"玄乃《发墨守》,《箴膏肓》,《起废疾》。休见而叹曰:'康成入吾室,操吾矛,以伐我乎?'初中兴之后,范升、陈元、李育、贾逵之徒,争论古今学。后马融答北地太守刘瓌,及玄答何休,义据通深,由是古学遂明。"然则古学之明,其枢机在《左氏》,其障碍在《公羊》。按郑玄师事京兆第五元先,始通《京氏易》《公羊春秋》;又从东郡张恭祖受《周官》《礼记》《左氏春秋》《韩诗》《古文尚书》,以山东无足问者,乃西入关,事扶风马融;兼通今古,无所适莫。注《鲁论》考之《齐古》。而笺《毛诗》则兼用齐、鲁、韩三家,其中有用三家申毛者;有用三家改毛者。至编注《周官》《小戴礼》《小戴礼记》通为三礼,则尤囊括网罗,意在宏通。盖《周官》,古文学也。《小戴礼》,今文学也。至《小戴礼记》四十九篇,非一手所成,或同今文,或同古文。《王制》多同《公羊》《穀梁》;《冠义》《昏义》《乡饮酒义》《射义》《燕义》《聘义》《朝义》《丧服》《四制》《问丧》《祭义》《祭统》诸篇,皆《小戴礼》十七篇之传,为今文说。而《玉藻》为古《周礼》说,《曲礼》《檀弓》《杂记》为古《春秋左氏》说;《祭法》为古《国语》说,皆古文说。则今古学糅者也。杜子春、郑兴众父子、贾逵解《周官》,皆不引博士说,以博士只立今文也。郑众注大司徒五等封地,皆即本经立说,不牵涉《王制》。《后汉书·卢植传》曰:"植乃上书曰:'臣少从通儒故南郡太守马融受古学,颇知今之《礼记》,特多回冗,臣前以《周礼》诸经发起粃谬,敢率愚浅为之解诂。'"盖据《周官》以发难四十九篇中之非古文说也。独郑玄和同今古文两家说,疏通证明,其驳许慎《五经异义》力破今古之樊,匪若许氏之敦崇古学,视为不祧也;独箴《左氏》之膏肓,发《公羊》之墨守,义无所反顾;亦以古学之明,其枢机在《左氏》;其障碍在《公羊》也。然则玄明古学之功,于是为大!宜《后汉书》本传特笔著之;然玄能通古今学,好研精而不守章句,未若何休之《公羊》墨守!独余读何休《春秋公羊解诂》,其中亦有引《礼古经》之逸篇所谓《逸礼》者:如《庄三十一年传注》:"礼:天子外屏。诸侯内屏。大夫帷。士帘。礼:天子有灵台以候天地。诸侯有时台以候四时。"《疏》云:

"皆是礼说也。"《昭二十五年传注》："礼：天子诸侯台门。天子外阙两观。诸侯内阙一观。"《疏》云："礼说文。"然按之《礼》十七篇、《记》四十九篇皆不见，盖《礼古经》之逸篇所称《逸礼》者也。且有用《左传》说者：如《襄十一年》秦人伐晋，注："为楚救郑。"《疏》云："为楚救郑之义出《左传》矣。"《定八年》盗窃宝玉大弓注："此皆鲁始封之锡。"《疏》云："《左传·定四年》具有其文也。"则亦兼采古说而不纯墨守矣；余读《前汉书》著今古之文，而当日今古文之书，可以相校互读，孔安国、刘向之事可证已。《后汉书》别今古之学，而当日今古学之说，匪无互采兼搜；郑玄、何休之书具在焉。或者谓："今文之学在微言大义。古文之学在名物训诂。名物训诂，不免琐碎。微言大义，足持纲要。"此又不然。余读《汉书·艺文志》：《书》有大、小夏侯《解故》。《诗》有鲁《故》、齐后氏《故》、齐孙氏《故》。今文先师何尝不重故训？而刘歆《移让太常博士之书》，以"分文析字，繁言碎辞"为讥。《汉书·艺文志》六艺略论学者之大患；曰："后世经传既已乖离。博学者又不思多闻阙疑之义；而务碎义逃难，便辞巧说。破坏形体，说五字之文，至于二三万言。"注引桓谭《新论》云："秦近君能说《尧典》篇目两字之说至十馀万言；但说曰若稽古三万言。"而《儒林传》信都秦恭延君，按"延君"二字之形，讹为"近君"。则传今《尚书》小夏侯之学者。小夏侯师事夏侯胜及欧阳高左右采获，又从五经诸儒问与《尚书》相出入者，牵引以次章句，具文饰说。夏侯胜讥其破碎。事见《夏侯胜传》。然则今文之末流，固未免讥于细碎也。《汉书·儒林传》称费直治《易》，亡章句，徒以象、象、系辞、十篇《文言》解说上下经；斯实足以矫"碎义逃难，便辞巧说"之患，斩断一切葛藤，何尝不持纲要？而郑玄注《仪礼》，发凡数十事。如《士冠礼注》云："凡奠爵，将举者于右，不举者于左。""凡醴士，质者用糟，文者用清。""凡荐，出自东房。凡牲，皆用左胖。"其馀诸篇注皆有之，而聘礼注最多。斯实足以籀明大例，通其伦类。是则古文之大师，固亦能持其纲要也。要之"好学深思，心知其意"，所贵于善读书者，固无间于今古也！或者以《公羊》多非常异义可怪之论,托改制以言变法,张三世以说进化,近儒康有为、梁启超之伦是也。然挽清之季,章炳麟专攻《左氏》而无害于言革命;谓:"贾逵言'《左氏》义深君父',此与《公羊》反对之辞耳。若夫称国弑君,明其无道,则不得以'义深君父'为解。"语见《春秋左氏传读》序。宁只《左氏》!《周官》亦号古学,而孙诒让撰《周礼政要》一书,乃据《周礼》以言欧治。其大指谓:"中国开化四千年,而文明之盛,莫尚于周;故《周礼》一经政法之精详,与今泰东西诸国所以致富强者若合符契。今泰西之强国,其为治非尝稽核于周公、成王之法典也;而其所为政教者,务博议而广学,以暨通道路,严追胥,化土物艸之属,咸与此经冥符而遥契;盖政教修明,则以四海之大,亡不受职之民,亡不造学之士,不学而亡职者,则有罢民之刑,贤秀挟其才能,愚贱贡其忱悃,咸得以自通于上,于以致纯太平之治若操券,固寰宇之通理,放诸四海而皆准者,此又古政教必可行于今者之明效大验也。"抑不仅此;且均田分民,可以明苏俄之共产;寓兵于农,可以言瑞士之民兵。庄存与《周官记》足备参证。以言经世,其中亦多非常异义可怪之论,宁只今《春秋》公羊说哉!夫然,义有相征,非傅会而云也。不意世儒谭经,纷纭今古,张皇眇说,托于先汉;此则庸人无事之自扰,经生后起之拘虚耳。宁必有当于先汉之所云为乎?余故特因魏氏之文,征班、范之书,而发鄙旨之所存,祛时俗之蔽惑,治国闻者或有取焉。

# 江藩《南北朝经术流派论》<sup>①</sup>

　　南北朝经术流派,见于《北史·儒林传序》者甚详;而宗法所在,孰得孰失,学者不可不知。尝试论之:王弼,名士也,非经师也,而注《易》。杜预,名将也,亦非经师也,而作《春秋左传集解》。非经师,则学无所授,信心而谈,拨弃旧诂,竞标新说,何足称专门之业!若传《古文尚书》之孔安国,则真经师矣!使果为真孔氏,虽康成亦应低首,而无如其伪也!今习《古文尚书》,是率天下而伪也;乌乎可!然而揆其所始,厥由东晋。

　　方晋氏之渡江而东也,修学校,简省博士,置《周易》王氏,《尚书》郑氏,《古文尚书》孔氏,《毛诗》郑氏,《周官》、《礼记》郑氏,《春秋左传》杜氏、服氏,《论语》、《孝经》郑氏博士各一人。太常荀崧上疏,请增置郑《易》、《仪礼》及《春秋》《公羊》、《穀梁》博士各一人;会王敦之难,不果行。盖郑《易》之废,实始于此。故张璠所集二十二家,仅依向秀之本;而谢万等各注《系辞》以续王弼之书,玄风大畅,古义遂湮!陆澄贻王俭书云:"《易》自商瞿之后,虽有异家之学,同以象数为宗。后乃有王弼之说。"王济云:"弼所误者多,何必能顿废前儒。"是郑氏之不可废,王氏之不可行,南人固有知之者矣!犹幸河北学者专习《郑易》,故其书至唐犹存;陆氏《释文》、李氏《集解》间述一二;而《王注》传习既久,终不能夺,竟至失传;岂不深可惜哉!然晋时郑《易》虽废,而《尚书》犹兼习郑、孔,《春秋》犹兼服、杜;其后乃废郑、服而专用孔、杜。《释文》云:"江左中兴,梅颐奏上《孔传》,学徒遂盛。后范宁变为

　　① 　作者原注:此文博据《十三经注疏》、《晋书》、《南北史》稍加改订。

今文集注，俗间或取《舜典篇》以续孔氏。"夫范宁固号为能遵守郑学者；而古文《孔传》则梅颐之徒伪撰以难郑氏者；乃笃信不疑，且为之集注。是表章《孔传》，偏自遵守郑学者为之倡始；异哉！而一时趋尚，亦于此可卜矣！然刘宋之时，郑氏犹未废绝；故裴骃《史记集解》兼采郑、孔两家，无所偏主。《释文》又云："近惟崇尚《古文》，马、郑、王注遂废。"《释文》之作，在于陈末，而曰"近"；则崇孔废郑，实在齐梁之后矣，其《春秋》服氏之废，不知始于何时？裴骃注《史记》引《服解》颇多。梁、陈间，未有习《服氏春秋》者。李延寿曰："晋世杜预注左氏。预元孙坦，坦弟骧，于宋朝并为青州刺史，传其家业，故齐地多习之。"是预之子孙多贵显，故其学且流入北方；宜服氏之不能与争！崔灵恩申服难杜。虞僧诞申杜难服，莫能相胜。而小刘规杜过至三百馀事，则公论不可诬也！

夫江左儒风，渊源典午，专尚浮华，务析名理，其去繁就简，理固宜然。若谓经籍英华，尽在于是，是以汉学为糟粕也；盖已隐隐开驾空立说之端矣！按《隋·经籍志》于《易》云："梁、陈郑玄、王弼二注列于国学，齐代惟传郑义，至隋王注盛行，郑学寖微。"于《书》云："梁、陈所讲有孔、郑二家，齐代惟传郑义，至隋孔、郑并行，而郑氏甚微。"于《春秋》云："左氏惟传《服义》，至隋杜氏盛行，《服义》寖微。"是梁、陈间非不言郑学，但甚微耳。其谓左氏惟传《服义》者，指北朝也。独惜隋氏起北方，混一区夏，而《易》、《书》、《春秋》徇南人之浮夸，捐北学之精实，甚至以姚方兴之舜典窜入《孔传》，于伪之中又有伪焉！唐贞观中，奉诏撰《五经正义》，因循不革。按康成闻服虔解《左传》，多与己同，遂以所注畀之；是服学即郑学，行郑、服，则学出于一。行王、杜伪孔，则学分为三；故有两经之疏，同为一人所作而互相矛盾，使学者茫然不知真是之归。此宋学所以乘间而起也！

要之儒林之卓绝者，南北各有其人。以南言之：如雷次宗礼服与康成并称，号为雷郑。释慧远遁迹沙门，周续之事之，作《诗序义》，独得毛、郑微旨。庾蔚之《丧服要记》，载在《通典》，最为详核。何承天

《礼论》多至三百卷；而何佟之略皆上口；孔子祛又续成一百五十卷。崔灵恩《三礼义宗》，说礼之总龟也；其以浑盖为一，在僧一行前，可谓卓识！或谓其书当于桂阳、零陵间求之。嗜古之士，曷留意焉！他若沈麟士、沈峻、沈文阿、太史叔明博通五经，非其彰彰者乎？北则刘献之、徐遵明蔚为名儒；刘焯、刘炫后来之秀；至如释《论语》八寸策为八十宗，撰《孝经·闺门章》，目为古文，虽有小疵，无伤大体。且卢广以北人而光价江南。沈重以南人而腾芳河朔，杰出之才，又可以地限哉！然而有憾者：晋永嘉以后，施雠、梁邱之《易》亡矣，孟、京不尚存乎？欧阳、夏侯之《书》亡矣，马融不尚存乎？《齐诗》久亡，《鲁诗》不至江左，不有《韩诗》薛君《章句》乎？左氏之外，犹有《公羊》、《穀梁》。服虔之外，犹有贾逵。《礼记》有卢植，与郑氏同师。若此之类，南人既未暇及，北学亦寂寂无闻，徒守一先生之言，斤斤然惟恐失之。经术之不逮汉，又奚足怪！

义疏之学，自为一派，惟六朝为最盛。宋明帝之《周易》，雷肃之之《礼记》，其尤著者。《易》则褚仲都，《书》则费甝、二刘、顾彪，《诗》与《春秋》则刘炫，《礼》则黄庆、李孟悊，《礼记》则皇侃、熊安生、贺玚。凡所发明，俱有可观。其确守一家，不使稍有出入，亦古来释经之通例；非其蔽也。惟自二刘、熊安生之外，率皆南人；故未有为郑氏《书》、《易》，服氏《春秋》作疏者。唐之《正义》，不能改用郑、服；殆亦以前无所承，难于倡造故欤？

六朝经学之书，散佚略尽，惟《经典释文》巍然独存。前此止作音，惟陆氏兼释经义；前此止音经，惟陆氏兼音注；体例独别于诸家而能集诸家之成，故为不刊之典。其中《周易音义》最为精博，虽以王为主，特采子夏、京房、孟喜、马、郑、刘表、荀爽、虞翻、陆绩、王肃、董遇、姚信、王廙、干宝、蜀才、黄颖旁及《九家易》、张瑶《集解》，萃十数家于两卷之中，视李鼎祚尤简而赅；窥其微意，似嫌《王注》空虚，故博征古训以弥缝之。馀如《书》之马融，《诗》之韩婴，亦存其概。不幸生于南国，故郑、服之学，不得赖以流传。然音训之详，无逾于此；非徐爰、沈重、戚衮、王元规辈所可同年而语矣！皇侃《论语义疏》虽非正经，亦经解之类。窃谓何晏本清谈之祖，而《论语集解》，独能存汉学之什一，其体例谨严，迥非王弼《易注》可比；而皇氏乃取江熙《集解》以为之疏，制度名物，略而不讲，惟以清言取胜，似欲补平叔所未及者，与所作《礼记疏》大相迳庭；只以秘笈流传，罕而见珍，故不以清谈废云！崔灵恩《三礼义宗》，王伯厚、周草窗俱征引及之，则宋末尚存；今去宋世不过四百馀年，故以为不应遽佚。两汉传业，各有专家；故《三史》作《儒林传》分经叙述，于授受源流，载之特详。魏晋以降，稍涣散矣。盖经术既不如古，而史才又不逮前，故纪载有所未详。要其师友渊源，初未尝绝；读《北史》所叙，居然有两汉之遗风焉！

**考证：**

　　南北朝经术流派，见于《北史·儒林传序》者甚详。○博按：六朝与南北朝同代而异题。历言之曰六朝，谓魏、晋、宋、齐、梁、陈，据君统言之也。横说之曰南北朝，南朝谓宋、齐、梁、陈，北朝谓魏、齐、周、隋。据李延寿《南北史》言之也。而考南北朝经术之流派者，莫审于《北史·儒林传序》。谓："大抵南北所为章句，好尚互有不同；江左：《周易》则王辅嗣，《尚书》则孔安国，《左传》则杜元凯。河洛：《左传》则服子慎，《尚书》、《周易》则郑康成，《诗》则并主于毛公，《礼》则同遵于郑氏。南人约简，得其英华。北学深芜，穷其枝叶。"然按之晋、宋、齐、梁、陈、魏、齐、周、隋诸书及《南北史》诸儒本传，亦有不尽见然者。何以见其然？《隋书·经籍志》云："《周易难王辅嗣义》一卷，晋扬州刺史顾夷等撰。"今其书虽亡，而既称曰"等"，则与王为难者不只顾夷一人可知。《南史·陆澄传》载澄与王俭书云："王弼注《易》，玄学所宗。今若弘儒，郑不可废。"俭答云："《易》体微远，实贯群籍；岂据小王，便为赅备。依旧存郑，高同来说。"则是江左《周易》亦有不好王辅嗣者也。又《北史·儒林传序》云："河南及青、齐之间，多讲王辅嗣所注，师训盖寡。"则是王辅嗣《周易》不仅行于江左；而河南及青、齐之间，亦不讲郑玄所注《易》也。《隋书·经籍志》于《易》称"梁陈郑玄、王弼二注，列于国学"。则是江左兼行郑玄《易》也。《儒林传序》又云："齐时，儒士罕传《尚书》之业。徐遵明兼通之，传授浮阳李周仁及渤海张文敬、李铉，河间权会，并郑康成所注，非古文也。下里诸生，略不见孔氏批注。武平末，刘光伯、刘士元始得费甝《义疏》，乃留意焉。"按《隋书·经籍志》有《尚书义疏》十卷，梁国子助教费甝撰；乃东晋豫章内史梅赜奏孔安国传古文《尚书》也。则孔安国《尚书》亦行于河洛矣。《儒林传序》又云："晋世，杜预注《左氏》。预玄孙坦，坦弟骥，于宋朝为青州刺史，传其家业；故齐地多习之。"又云："又有姚文安、秦道静初亦学服氏，后更兼讲杜元凯所注。其河外儒生，俱服膺杜氏。"《李业兴子崇祖传》云："姚文安难服虔《左传解》七十七条，名曰《驳妄》。"则河外亦有习杜氏《左传》而难服者也。《南史·儒林王元规传》云："自梁代诸儒，相传为《左氏》学者，皆以贾逵、服虔之义，难驳杜预，凡一百八十条。"则是江左诸儒，亦有以贾、服难杜者也。《隋书·儒林传》于《易》则称河南及青、齐间多主王辅嗣所注；于《春秋》则称河外儒生俱服膺杜氏，与《北史》同，然则服、郑行于河北，不行于洛中。而洛中之尊尚王、杜，实在江左之先，且较江左为甚，固无可疑者。厥后隋氏自北并南，而北学转微，南学转盛；岂非洛中都会之地，服习王、杜已久故耶？延寿又云："《诗》则并主于毛公，《礼》则同遵于郑氏。"然江左业遵《毛诗》之外，别标《业诗》，具著《隋志》。而议礼家于王肃之义，参用亦多，错见诸传。则所谓"并主"、"同遵"，亦未尽然，然则延寿之言，亦第言其概尔。

　　六朝经学之书散佚略尽。○博按：六朝人经注之采入《十三经》者；则有魏何晏之《集解论语》，魏王弼、晋韩康伯之注《易》，杜预之集解《春秋左氏传》，郭璞之注《尔雅》，范宁之集解《谷梁》，斯皆彰灼在人耳目者。若守一家之注而诠解之，且旁引诸说而证明之，所谓"义疏之学"，梁陈以下作者多人；而孔颖达、贾公彦，至唐集其大成，撰定《五经正义》，著所本出，皆自六朝，如《尚书》疏伪孔、《诗》疏毛郑之本刘焯、刘炫,《仪礼》疏郑之本黄庆、李孟悊;《礼记》疏郑之本皇侃、熊安生,《春秋左传》疏杜之本刘炫、沈文阿,具见叙中。则是孔、贾之疏不废,而刘焯、刘炫、黄庆、李孟悊、熊安生及皇侃、沈文阿南北诸儒之义,亦未遽以坠也。其他书亡而遗说可考:如庾蔚之《丧服要记》,杜佑载入《通典》。太叔求《诗谱注本》,欧阳公得诸绛州。刘瓛《易义》,张皋文辑入《别录》。刘炫《规杜》,邵氏瑛为之《持平》。陆绩之《周易注》,庾蔚之《礼论钞》,崔灵恩之《三礼义宗》三书,马国翰辑入《玉函山房丛书》,各得三卷。卢文弨校刻《大戴记注》,出北周卢辩凡十三卷,差为完本,然十五篇无注,亦非全帙。其全帙存者,惟吴陆玑之《毛诗草木鸟兽虫鱼疏》二卷,晋杜预之《春秋释例》十五卷,梁皇侃之《论语义疏》十卷,隋陆德明之《经典释文》三十卷而已。

皇侃《论语义疏》虽非正经,亦经解之类。窃谓何晏本清谈之祖,而《论语集解》独能存汉学之什一,其体例谨严,迥非王弼《易注》可比;而皇氏乃取江熙《集解》以为之疏,制度名物,略而不讲,惟以清言取胜,似欲补平叔所未及者,与所作《礼记疏》大相迳庭;只以秘笈流传,罕而见珍,故不以清谈废云!○博按:何晏本清谈之祖;而其集解《论语》,亦同王弼《易注》附以玄谈。如解《公冶长》"性与天道,不可得闻",谓:"性者,人之所受以生。天道者,元亨日新之道深微,故不可得闻也。"解《卫灵公》"一以贯之",谓:"善有元,事有会。天下殊涂而同归,百虑而一致,知其元,则众善举矣!"特是何氏间涉玄谈,而皇侃《义疏》殆有甚焉!《何解》附会《老》、《易》,而《皇疏》采及佛氏。如《先进》"未知生,焉知死",《皇疏》:"外教无三世义。周孔之教,唯说现在,不明过去未来。"此用佛氏语释经。盖佛经为内典,故孔说为外教也。甚至谓"原壤为方外圣人,孔子为方内圣人"。其书在中国久佚;今所传本,乃清乾隆时由日本流入。其中亦有可疑者:一,今世所传《皇疏》与陆德明《经典释文》所引不同。如《述而》"子行三军则谁与"。《释文》云:"谁与,皇音馀。"今本《皇疏》云："若行三军，必当与己，己有勇故也；故问则谁与之。"此则读"与"字上声。"又子温而厉。"《释文》云："皇本作君子。"今皇本亦作"子"。咸与《释文》不合。一，皇侃深于礼学；而《论语疏》乃略于礼制。如《八佾》"禘自既灌而往者"；《皇疏》云："五年之中，别作二大祭：一名禘，一名祫。而先儒论之不同。今不具说。"《颜渊》有若对曰："盍彻乎。"《皇疏》云："以《周礼·载师》论之，则畿内用夏之贡法，其中有轻重。轻重不同，自各有意；此不复具言。"藉曰《皇疏》可信，如此之类，则又何说？

　　两汉传业，各有专家；故三史作《儒林传》分经叙述，于授受源流，载之特详。魏晋以降，稍涣散矣。盖经术既不如古，而史才又不逮前，故纪载有所未详。要其师友渊源，初未尝绝；读《北史》所叙，居然有两汉之遗风焉！○博按：两汉传业，各有专家；而南北朝大师传经，则博通而不必专。李延寿《北史·儒林传》之叙经学授受源流颇详。而《南史》不叙。其散见列传，犹有可考者；如刘瓛、司马筠、司马业父子之传《三礼》，何胤、孔佥、孔元素之传《三礼》，沈麟士、沈峻、太史叔明、沈文阿、张及、王元规之传《三礼》，周宏正、张讥、陆元朗、朱孟博之传《老》、《易》。此南朝经学授受源流之可考者也。《北史·儒林传》叙述经学授受源流，断自徐遵明、刘献之。自魏末徐遵明讲郑玄所注《周易》以传卢景裕及清河崔瑾。景裕传权会、郭茂。其后能言《易》者，多出郭茂之门。《书》则自徐遵明讲郑康成所注以传授浮阳李周仁及渤海张文敬、李铉、河间权会。其《诗》、《礼》、《春秋》，尤为当时所重，诸生多兼通之。通《毛诗》者多出魏朝刘献之。献之传李周仁。周仁传董令虔、程归则。归则传刘敬和、张思伯、刘轨思。其后能言《诗》者多出二刘之门。《三礼》并出徐遵明之门。徐传业于李铉、祖儁、田元凤、冯伟、纪显敬、吕黄龙、夏怀敬。李铉又传授刁柔、张买奴、鲍季详、邢峙、刘昼、熊安生。安生又传孙灵晖、郭仲坚、丁恃德。其后生能通礼经者，多是安生门人。河北诸儒能通《春秋》者，并服子慎所注，亦出徐生之门。张买奴、马敬德、邢峙、张思伯、张奉礼、张彤、刘昼、鲍长宣、王元则并得服氏之精微，皆徐遵明弟子也。按遵明师屯留王聪，受《毛诗》《尚书》《礼记》，一年，便辞聪，游燕赵，师事张吾贵。而吾贵从郦诠受《礼》，牛天祐受《易》，刘兰受《春秋左氏传》。刘兰又受《春秋》《诗》《礼》于中山王保安。此由遵明而上推也。刘献之善《春秋》《毛诗》，曾受业于渤海程玄，与孙惠蔚同师。惠蔚师程玄，读《礼经》及《春秋三传》。此由献之而上推也。此北朝经学授受源流之可考者也。惟经学授受之在北朝，与汉儒略异。盖汉儒贵专经；而北朝则多兼通；一也。汉儒诵说师法，而北朝则喜自标新谛，不为墨守；二也。如《北史·儒林·刘献之传》云："魏承丧乱之后，五经大义，虽有师说，而海内诸生，多有疑滞，咸决于献之。六艺之文，虽不悉注，所标宗旨，颇异旧义。"则是刘献之自标新谛，不守师说也。《张吾贵传》云："吾贵先未多学，乃从郦诠受《礼》，牛天祐受《易》。诠、祐粗为开发而已；吾贵览读一遍，便即别构户牖，世人竞归之。曾在夏学聚徒千数而不讲传。生徒窃云：'张生之于《左氏》，似不能说。'吾贵闻之，谓曰：'吾今夏讲才罢，便当说《传》。君等来日皆当持本。'生徒怪之而已。吾贵诣刘兰；兰遂为讲《传》，三旬之中，吾贵兼读杜、服，隐括两家，异同悉举。诸生后集，便为讲之，义理无穷，皆多新异；兰仍伏听，学者以此奇之。而辩能饰非，好为诡说。"则是张吾贵自标新谛，不循师说也。《徐遵明传》云："吾贵门徒甚盛。遵明伏膺数月，乃私谓友人曰：'张生名高而无检格，凡所讲说，不惬吾心，请更从师。'遂与平原田猛略就范阳孙买德受业。一年，复欲去之。猛略谓遵明曰：'君年少从师，每不终业。如此用意，终恐无成。'遵明乃指其心曰：'吾今知真师所在矣，正在如此。'乃诣平原唐迁蚕舍，读《孝经》《论语》《毛诗》《尚书》《三礼》，不出门院，凡经六年；讲学于外二十余年，见郑玄《论语序》曰：'书以八寸策'，误作'八十宗'，因曲为之说；其僻也皆如此；献之、吾贵又甚焉。"则是徐遵明不循师说，好标新谛，与献之、吾贵同也。又如陈奇非马融、郑玄解经失旨，注《论语》，传外生常矫之，其义多异郑玄，亦见《儒林》本传。则是陈奇亦标新谛也。北学如此，南学何论！《南史·何佟之传》曰："佟之少好《三礼》，师心独学。"庄子曰："夫随其成心而师之，谁独且无师乎！"南儒之无师自通者，比比是也；宁只一何佟之哉！ 此南北朝经学授受源流之大较也。

# 赵坦《唐孔颖达〈五经义疏〉得失论》

　　五经之有传,有注,有笺,有解,由来旧矣。梁陈而下,义疏迭出。至唐贞观中,诏孔颖达等撰《五经正义》,盖欲崇儒术,息异议也。于是成《易正义》十四卷,《书正义》二十卷,《诗正义》四十卷,《礼记正义》七十卷,《春秋左传正义》三十六卷。既成,表上之。迨宋朱子谓:"孔氏《正义》,《诗》、《礼》为上,《春秋》次之,《书》、《易》为下。"夫同出一时一人之手,而有得有失,何欤?曰:"《正义》者,就传注而为疏义也;所宗之注不同,所本之义疏亦异,则得失,于是乎著。"

　　孔氏于《易》,舍九家而从王氏弼及韩氏康伯;于义疏则采褚仲都。弼之注《易》,仅取刚柔乘应之说。韩氏之注《系传》,亦复空诠无补。孔氏拘牵注义,顺文敷衍;其于马、郑、荀、虞诸家之古法,间或援引,辄以为非;又或取以补辅嗣之阙漏;不能疏通明晰,故最浅薄不足数。

　　《书》则宗东晋梅赜所上之《伪孔传》,而删取二刘之《正义》焉。《孔传》本不足观,颖达曲为回护;于是马、郑之注仅供参证,而司马迁《五帝本纪》中之真古文,不一引取。弃周鼎而宝康瓠,孔氏之谓矣。

　　《诗》则独宗毛、郑,卷首先列《郑谱》,颇得纲领。其于训诂、名物、制度、典礼,更一一诠解精确。训诂则本之《尔雅》,参以舍人樊光、李巡、孙叔然诸家之古注;而陆玑《毛诗草木虫鱼疏》次焉。制度典礼则引据群经,益之以王肃之难,王基之驳,孙毓之评,崔灵恩之集注,佐之以郑氏之《易注》、《书注》,贾、服之《左传注》,若《郑志》,若《驳五经异义》,若《笺膏肓》,诸书咸萃焉。以故闳博渊深,几无与抗;

虽曰蓝本二刘,而其采掇之精,固可谓独具卓识已!

《礼》亦宗《郑注》,而以皇侃《义疏》为本;引证则本诸《周礼》、《仪礼》,旁通曲达,靡不周悉。《记》云:"不学杂服,不能安礼。"故孔子于服制,分辨尤晰。若郑氏之《丧服变除》,卢子幹之《礼记解诂》,阮谌之《三礼图》,射氏之《音义隐》,莫不援引;故奥衍精通,舆《诗》并善。

《左传》宗杜氏:于义疏则本刘光伯。杜氏之精义,皆从贾、服窃来,其浅处正复不少。孔氏惟杜之从,所引释例之属,又杜氏一家之学,亦奚贵焉!虽有刘光伯之规杜,理精词辨,足以摧折武库;孔氏概置评驳,不复遵用。故《左传正义》虽大旨可观,其失亦见。

"然则将如何而尽善耶?"曰:"《易》则宗《郑注》而以李鼎祚所集之古注,及群书中所引之古注,足与《郑注》相发明者附益之;次则取《左传》中筮法都为一编附焉,所谓'刊辅嗣之野文,补康成之逸象'。汉《易》梗概,于斯可复。《书》则采马、郑注,而益以《史记》中之以训诂代经文者;其他汉《石经》及《说文》及颜师古诸家之说,亦复搜讨靡遗,而后殚心诠解,庶复真古文之旧观。《左传》则采贾、服注;于土地名则取裴秀客、京相璠;其一二古文散见《说文》及群书者取以参考,庶《左传》之古字古言,存什一于千百,而《春秋》亦赖以明;然后博稽载籍,为之疏释,俾贾、服之学复显于世。不远驾颖达上耶?要之辟汉儒之闳奥,作孔氏之功臣,非好学深思之士,未克臻此!然则《五经正义》,有得无失,岂易言哉!"

**考证:**

迨宋朱子谓:"孔氏《正义》,《诗》、《礼》为上,《春秋》次之,《书》、《易》为下。"夫同出一时一人之手,而有得有失,何歟?○博按:《旧唐书·孔颖达传》云:"与颜师古、司马才章、王琰等诸儒受诏撰定《五经》义训凡一百八十卷,名曰《五经正义》。"五经者,《易》、《书》、《诗》、《礼记》及《春秋左传》也。箴孔氏之失者:曰"彼此互异";曰"曲狗注文";曰"杂引谶纬"。如同一七庙也,《书·咸有一德》之"七世之庙",

则申孔而难郑，以为"天子立七庙，王者常礼，非独周人始有"；而《礼记·王制》之"天子七庙"，则又申郑之意，谓"天子立七庙，唯谓周也，玄说为长"。"祭感生帝之谓谛"，郑说也；《礼疏》是郑而非王肃；《春秋疏》又是王而非郑，主"人帝为始祖所自出之帝"。两说叅错，将安适从？它如毛、郑注《诗》，互有同异；孔氏既不能申毛以折郑，又不能据郑以评毛，此之为"义"，果孰为"正"？其显然攻郑，若"东方未明"疏之辩昼漏六十刻，夜漏四十刻，斥郑减昼五刻以裨夜为妄说，不可强为之辞；如此之类，百无一二。至于注文乖违，曲相牵就，其蔽也党！纬书诡妄，好为傅引，其失也诬！斯皆孔氏之所百喙不能自解者。特是书题孔氏，撰非一人。《易》有马嘉运、赵乾叶等对共参议，详其可否。《书》有王德韶、李子云等对共诠叙。《诗》有王德韶、齐威等对共讨论，辩详得失。《礼记》则有朱子奢、李善信、贾公彦、柳士宣、范义頵、张权等对共量定。《春秋左传》则有谷那律、杨士勋、朱长才等对共叅定。其姓名具见孔氏《五经正义序》，所谓"独见肤浅，不敢自专"。虽开卷署"孔颖达奉勅撰"，其实非出一手；独以孔氏称者，徒以总纂专其名耳。按《新唐书·儒学孔颖达传》明言"习服氏《春秋传》、郑氏《尚书》"；《旧唐书·孔颖达传》云："明《左氏传》、郑氏《尚书》。"而正义用《书孔氏》、《春秋杜氏》；即此可知不出独裁，与素所传习者不同。厥后马嘉运以共事之人而有异议，驳正其失。有诏更令裁定；功未就。永徽二年，尚书左仆射于志宁、左仆射张行成、侍中高季辅就加增损，亦见《新唐书·儒学》本传，则是再经更修，益非孔氏书之旧。而赵氏以为同出一时一人之手，误矣。

# 胡培翚《诂经文钞序》

经学莫盛于汉。自文帝置《论语》、《孝经》、《孟子》、《尔雅》博士，其后增立五经博士，传业寖广，一经说至百万言，大师众至千馀人，可谓盛矣！然诸儒讲论六艺之文章鲜传焉；以无裒集之者故也。汉儒说经，各有家法，不为向壁虚造。群经义疏之学，盛于六朝。皇、熊、沈、刘之伦，著录繁夥。至唐孔冲远修订《五经正义》，贾、元、徐、杨诸家赓续有作，遂遍诸经；百川洞注，潴为渊海；信经学之极轨也！宋时周、程、张、朱诸子讲明义理，而名物制度犹必以汉儒为宗。逮至元明，讲章时文之习胜，率多高心空腹，束书不观，而经术日衰矣。

我国家重熙累洽，列圣相承，尊经重学，颁御纂钦定之书于天下；而又广开四库，搜罗秘逸，两举鸿博，一举经学，天下之士，靡然向风。二百年来，专门名家者，于《易》则有半农、定宇惠氏父子惠士奇、惠栋、皋闻张氏张惠言、理堂焦氏焦循。于《书》有艮庭江氏江声、西庄王氏王鸣盛、渊如孙氏孙星衍。于《诗》有长发陈氏陈启源。于《春秋》有复初顾氏顾栋高。于《公羊》有㧑轩孔氏孔广森。于《礼》有稷若张氏张尔岐、慎修江氏江永、易畴程氏程瑶田、次仲凌氏凌廷堪。于《尔雅》、《说文》音韵有亭林顾氏顾炎武、东原戴氏戴震、二云邵氏邵晋涵、懋堂段氏段玉裁、石臞王氏王念孙。于诸经，言天文则勿庵梅氏梅文鼎，言地理则东樵胡氏胡渭、百诗阎氏阎若璩，言金石文字则竹汀钱氏钱大昕。其读书卓识，超出前人，自辟涂径，为诸儒所未及者约有数端：

一曰"辨群经之伪"。如胡氏胡渭之《易图明辨》辨河图洛书、先天后天各图非《易》《书》本有。王氏王懋竑之《白田杂著》辨《周易本义》前九图非朱子所作。阎氏阎若璩《古文尚书疏证》、惠氏惠栋《古文尚书考》辨东晋晚出之《古文孔传》为梅赜伪托。毛氏毛奇龄《诗传诗说驳议》辨子贡传申培说为丰坊伪撰。是也。

一曰"存古籍之真"。如《易》《经》二篇,《传》十篇,本自别行。王弼作注,始分《传》附《经》。朱子《本义》复古十二篇。而明时修《大全》用程《传》本,以《本义》附之;后坊刻去程《传》,专存《本义》,仍用程《传》本,而朱子书亦失其旧。自御纂《周易折中》改从古本,学者始见真面目。惠氏惠栋《周易本义辨证》详言之。又如竹君朱氏朱筠之倡刊《说文》始一终亥之本。通志堂纳兰性德、抱经堂卢文弨之校刊《经典释文》全书。是也。

一曰"发明微学"。惠氏惠栋之《易汉学》、《周易述》。张氏张惠言之《周易虞氏义》、《虞氏消息》。江氏江声之《尚书集注音疏》。孙氏孙星衍之《尚书今古文注疏》。王氏王念孙之《广雅疏证》。段氏段玉裁之《说文注》。黄梨洲黄宗羲、梅勿庵之本《周髀》言天文。邵二云之重疏《尔雅》。焦理堂之重疏《孟子》。是也。博按:陈奂之《诗毛氏传疏》,孙诒让之《周礼正义》,作者之《仪礼正义》,陈立之《公羊义疏》、钟文烝之《榖梁补注》,郝懿行之《尔雅义疏》,皆有所发明,徒以后出不之及,兹故为补之于此。

一曰"广求遗说"。余氏余萧客之《古经解钩沈》。任氏任大椿之《小学钩沈》。张氏张惠言之《周易郑氏义》、《周易荀氏九家义》。孙氏孙星衍之《尚书马郑注》。邵氏邵晋涵之《韩诗内传考》。洪氏洪亮吉之辑郑、贾、服诸家说为《左传诂》。臧氏臧镛堂之辑《仪礼·丧服》马、王《注》,《礼记》卢植《解诂》,《月令》蔡邕《章句》,《尔雅》古注。是也。博按:《书》有陈乔枞之《今文尚书经说考》、《尚书欧阳夏侯遗说考》;《诗》有陈寿祺之《三家诗遗说考》,陈乔枞之《四家诗遗文考》、《齐诗翼氏学疏证》,迮鹤寿之《齐诗翼氏学》;《左传》有李贻德之《春秋左传贾服注辑述》;皆后出为作者所未见,兹补录之。

一曰"驳正旧解"。江氏江永之《深衣考误》,辨深衣非六幅交,解为十二幅;《乡党图考》辨治朝本无屋无堂。顾亭林《左传杜解补正》、顾复初《春秋大事表》皆纠杜注谅暗短丧之谬。戴东原《声韵考》以转注为互训,历指前人解释之误。是也。

一曰"创通大义"。顾氏顾炎武之《音学五书》分十部,江氏江永之《古韵标准》分十三部,段氏段玉裁之《六书音均表》分十七部以考古音。王尚书王引之之《经传释词》标举一百六十字以明经传中语词非实义。凌教授凌廷堪之《礼经释例》分《通例》、《饮食例》、《宾客例》、《射例》、《变例》、《祭例》、《器服例》、《杂例》以言礼之节文等杀。焦理堂之《易通释》以数之比例,求《易》之比例,以《易》解《易》,触类求通而悟旁通、相错、时行之三义。是也。博按:成蓉镜之《周易释爻例》,俞樾之《易穷通变化论》、《周易互体征》,魏源之《书古微》、《诗古微》,庄存与之《周官记》,邵懿辰之《礼经通论》,刘逢禄之《春秋公羊经何氏释例》,柳兴恩之《穀梁大义述》,许桂林之《穀梁释例》,刘师培之《左传例略》,俞樾之《古书疑义举例》,陈玉澍之《尔雅释例》,皆能创通大义,徒以后出为作者所未见,故不及。

凡此皆本朝经学之卓卓者。其他闭户研求,以其所得笔之于书,不可殚述。盖惟上有稽古同天之圣人,而后下之服习者众,彬彬乎超轶前代也!诸儒所注群经,成书具在;而其散见于文集者,或与友朋辨论经义,或剖析古今疑旨,或所注之经,句诠字释,关涉大义者,别为文发之;又有札记之书,所释非一经,经不数条,顾较通释全经者时有创获;哀而辑之,诚通经之轨辙已!然而诸儒著述,散在人间,为类甚繁,非博闻多识好学深思之君子,未易揽其全,集其成也!泾邑朱兰坡先生以许、郑之精研,兼马、班之丽藻。出入承明金马著作之庭二十馀年。内府图籍,外间所未见者辄录副本;先世培风阁藏书最审,而其万卷斋所得秘本尤多,于是博采本朝说经之文,核其是非,勘其同异,分类编录,名曰《诂经文钞》,凡《易》八卷,《书》八卷,《诗》八卷①,《春秋》八卷,《周礼》十卷,《仪礼》五卷,《礼记》五卷,《三礼总义》十卷,《论语》、《孟子》附《群经义》共五卷,《尔雅》一卷,《说文》一卷,《音韵》一卷,总七十卷;《续钞》又已积二十卷;其文多钞自诸家集

---

① "《诗》八卷"原脱,据《诂经文钞》补。

中;而解经之书,有分段笺释,自成篇章,亦同录入。寻其义例①,宗主汉儒,惟取证实之文,不取蹈空之论。至于一事数说,兼存并载以资考证,盖欲读者因文通经,非因经存文也。培翠曩岁在都,追陪讲论,饫闻大旨;今获睹是书之成,奉命作序,自惭肤末,无裨高深,惟敬述我朝经学之盛,与是书所以嘉惠艺林之意,揭之于篇,以谂来者。

---

① 例,原作"调",据文意改。

# 陈寿祺《经郛条例》

　　《经郛》荟萃经说，本末兼赅，源流具备，阐许、郑之闳眇，补孔、贾之阙遗，上自周秦，下迄隋唐，网罗众家，理大物博。汉魏以前之籍，搜采尤勤，凡涉经义，不遗一字。其大端有十：一曰"探原本"。以经解经，厥义最古，如《三传》、《礼记》所引《易》、《书》、《诗》，《尔雅》所释《诂》、《言》、《训》，是也。二曰"钩微言"。奥训眇辞，注家阙略，如《说文》所解，《广雅》所释，是也。三曰"综大义"。发明指归，会通典礼，如荀子之论礼乐，董子之论《春秋》史志，《通典》之历议礼议服议，是也。四曰"存古礼"。三代遗制，周人能言，如《左氏传》之称《礼经》，《小戴记》之载《杂说》，是也。五曰"存汉学"。两京家法，殊涂同归，载籍既湮，旧闻廑见，如《史记》载《尚书》多古文说，《白虎通》引《经》多今文说，《汉书·五行志》多《三传》先师之说，《五经异义》多石渠议奏之说，是也。六曰"证传注"。古人解经，必无虚造，间出异同，皆有依据，如《毛传》之合于雅诂，郑笺之涉于鲁、韩，是也。七曰"通互诠"。一家之说，或前后参错而互相发明，如《郑志》之通诸注差互，《箴膏肓》、《发墨守》、《起废疾》之别《三传》短长，是也。八曰"辩剿说"。晋代注家，每撷拾前人而不言所自，如《伪孔尚书传》之本于王肃，杜预《左传注》之本于服虔，郭璞《尔雅注》之本于樊孙，是也。九曰"正谬解"。大道多歧，习非胜是。实事求是，择焉必精，如《易》之象数明，则辅嗣之玄宗可退；《书》之训诂核，则仲真之《伪传》可排；是也。十曰"广异文"。古籍篆隶，易时递变，众家授受，传本不同，如《说文》之古文，《玉篇》之异字，汉碑之异体，《经典释文》之异本，是也。统诸十端，囊括古今，诚六艺之潭奥，众论之苑囿！今仍厘为条例如左，览者详之。

一以经注经，此为汉学之先河。六艺指归，具见《尔雅》。博文明事，首推《孟子》。《坊》、《表》二记，动引《诗》、《书》。《燕》、《聘》诸义，本诠《仪礼》。《春秋左氏传》，说经尤夥；元亨利贞之辩，黄裳元吉之解，夏后之九功九歌，文、武之九德七德。《卷耳》能官人，则《大戴记》、《逸周书》具之。《虞书》数舜功，则四凶十六相详之。岂独王应麟所举《外传》叔向、单穆公、闵马父、左史倚相、观射父、白公、子张诸人，其言有功圣学，在汉儒训诂之前哉！今并辑录以资讨源。

一经中援经，有不标经名，实据经义者。如《礼记·檀弓》"仲遂卒于垂"云云，即据《春秋·宣八年》之文。《王制》"天子五年一巡狩"至"归格于祖祢用特"，即据《尚书·尧典》之文。《文王世子》"庶子之正于公族"以下，即据《周官》诸子、司士、甸人诸职之文。《燕义》篇首亦引《周官·庶子》之文。《郊特牲》"乡人禓"云云，即据《论语》"乡人傩"之文。"大罗氏"云云，即据《周官·罗氏》之文。《郊特牲·冠义》以下，即据《仪礼·士冠礼》之文。《内则》"凡食齐视春时"以下，即据《周官》食医、庖人之文。此类必由经传洽熟，乃能左右逢源。《逸周书》中如《职方解》，《大戴礼记》中如《哀公问》、《曾子大孝》、《诸侯衅庙》、《朝事》、《投壶》、《本命》诸篇，有与《周官》、《小戴记》相出入者，宜皆详录。至乃孤章断句，文字异同，或其本传习各殊，如《公羊》文十二年《传》引"惟谂谂善竫言"云云，《礼记·缁衣》引《周田》"观文王之德"，是也。或其词檃括相就；如《左氏》隐六年、庄四年《传》并引《尚书》有"恶之易也"四字，僖十三年、三十三年，昭二十年《传》并引《康诰》"父子兄弟罪不相及"之语，是也。举此见例，他经可推。

一经中援经证事，本非释经。然如《左氏》隐元年《传》君子曰："颍考叔，纯孝也！爱其母，施及庄公！《诗》曰：'孝子不匮，永锡尔类。'其是之谓乎！"《大雅·既醉》郑《笺》即转引此《传》为说；则左氏最先得经意矣！此类义在探原，亦宜详录。

一经中引经，如《礼·坊记》引高宗云："三年其惟不言，言乃谨。"

《檀弓》同。郑注：“《高宗》名篇在《尚书》。”《丧服四制》引《书》曰：“高宗谅闇，三年不言。”《论语》同。下云“载之书中而高之，故谓之高宗”。则此语当在《高宗之训》，而非《无逸》所称。《左氏传》引《夏书》曰“维彼陶唐”至“乃灭而亡”，贾、服、孙、杜皆解为夏桀之时，《夏书》止于《胤征》，当仲康世，则此语当在百篇之外，而非《尚书》所有。此类归之逸经，附每经后。

一所采群经，皆取其援引他经者。至于一篇之内，前后相承，数卷之间，异同互见，义具本书，无庸赘录，如《三传》之释《春秋》凡例，是也。惟《礼记》为七十子之徒，各述所闻，辞非一家，事有万族，义类繁博，错综纷挐，为之条分栉比，则不独会通本书，且参校古制，愈于后仓推士礼而致于天子之礼。又春秋时，周礼在鲁，左氏鲁人而善于礼，《传》中援礼最详，所称“先王之制”“先王之令”，皆是物也，是故发凡起例，咸周公之礼经，三聘五朝，乃文襄之霸制，盖非好学深思，不能心知其意。今于此二书，特广条绪，异乎他经，剖纤析微，实有裨于礼学。

一《春秋》三传事迹，它书所载，多相出入。明薛虞畿有《春秋别典》，国朝陈厚耀有《春秋战国异词》，今不重采。

一《说文解字》引经之例：有用正训与次训不相蒙者，如《口篇》“嘽①”字，引《诗》“嘽嘽骆马”，义为“喘息”，与“喜也”之训隔。《齿篇》“齺”字，引《春秋传》“皙齺”，义为“齿相值”，与“啮也”之训隔，是也。有用次训与正训不相蒙者；如《人篇》“假”字，引《虞书》曰“假于上下”，义为“至”，不与“上非真”之训相属。《土篇》“垩”字重文“聖”，引《虞书》曰“龙，朕堲谗说殄行”，义为“疾恶”，不与上“以土增大道上”之训相属。是也。有字止一训，引经为假借者；如“敃”训“人姓”，《商书》借为“无有作敃”。“哼”训“口气”，《诗》借为“大车哼哼”。“蹲”训“行皃”，《诗》借为“管磬蹲蹲”。是也。至若“麓”训“艸木相

---

① 嘽，原作“禅”，据《说文解字》改。

附,丽土而生",引《易》"百谷草木丽于地",与本义合。《易释文》云:"草木丽,《说文》作丽",是唐以前《说文》如此。《玉篇》引《易》同《说文》,是顾野王尚见汉《易》有作"丽"字者。"𡪄"训"大屋也",引《易》"𡪄其屋",与本义合。《释文》云:"丰其屋,《说文》作𡪄",是唐以前《说文》如此。《广雅》:"𡪄,大也。"是张揖尚见汉《易》有作"𡪄"字者。则不必执古文《易》之本字不为"丽"为"𡪄"也。"𡘳"训"至也",读若"挚"同,一曰《虞书》"雉𡘳",与郑君《尚书注》"挚之言至"合。"灿"训"火光"当依《类篇》所引,光上增不字,引《商书》曰"予亦灿谋",与《经》"予若观火"义相应。"𢻱"训"迣也",引《周书》"常𢻱常任";"迣"为迫近之义,"常𢻱"为近侍之官,与扬雄、胡广《侍中箴》合。"詷"训"共也",引《周书》"在后之詷",与马融本《尚书》合,与《礼记》注"詷之言同"亦合。则不必执古文《尚书》之本字不为"𡘳"为"灿"为"𢻱"为"詷"也。此类循文考义,务在求是,不可苟同,亦不可立异。

一《说文》引经,因文散举,虽繁简错综,皆可寻其条理。故有上下数文辄随字类系者,如《示篇》"禷"字,引《虞书》;下文"禷"字,即释"类于上帝"。《玉篇》"瑗"字,引《尔雅》;下文"环"字,即举"肉好若一谓之环"。"瑁"字引《周礼》;上文瑧、瓛、珧字即并举玉人之文。是也。有一句数字,辄随字类系者,如《玉篇》"玕"引《禹贡》"球琳琅玕",上文即载"琅"字。《牛篇》"𤘘"引《春秋传》"牻𤘘",上文即载"牻"字。《口篇》"唸"引《诗》"民之方唸㕧",下文即载"㕧"字。是也。又有不箸经名,实用经语者,如《示篇》"祠"字注"仲春之月"云云,用《月令》文。"祙"字注"地反物为祙",用《左氏传》文。是也。有不箸经名,实系经字者,《潜研堂答问》尝举异文"塙"、"昏"、"𢘥"、"挿"、"抲"、"戵"等三百馀字,有合有违,宜别择之,此外尚多,当更搜采。有引某说,即系经说者,如《卜篇》"贞"字,引京房说,即京《易章句》释"贞"字之义。《卤篇》"𪉖"字引徐巡说,即释《尚书》"宽而栗"之义。《𦣞篇》"𦞤"字引徐巡说,即释《秦誓》"邦之柳陧"之义。巡受《古文尚书》。《心篇》引博士说,即三家《尚书》说《洪范》之文。《五经异义》可证。

《水篇》"溺"、"湿"、"汶"字,引桑钦说,即释《禹贡》之文。钦受《古文尚书》。《黹篇》"黻"字引卫宏说,即宏《古文尚书训旨》释《皋陶谟》"黼黻"之文。《玉篇》"玭"字引宋宏说,即释《禹贡》"玭珠"之文。宏从孙登少传《欧阳尚书》,见《后汉书》登传,然则宏亦为今文之学者欤。《厹篇》"离"字引欧阳乔说,乔高义同,形声近。即《欧阳尚书章句》释《牧誓》"如豺如离"之文。据《史记·周本纪》引《牧誓》可证。《木篇》"樆"字引贾侍中说,似侍中《四家诗同异》中说"樆桐梓漆"之文。《牛篇》"牺"字引贾侍中说,似《古文尚书训》中说《微子》"牺牲牷"之文。《酉篇》"酏"字引贾侍中说,[1]似《周官解诂》中释酒正之文。《亚篇》引贾侍中说,似《左氏传解诂》中释文六年《传》"为亚卿焉"之文。《辵篇》"造"引谭长说,亦释《礼记·王制》造士之文。其馀称贾侍中说者或非经解,贵审别择,庶无误收。

一《说文》引经,有散见于它字读法中者,但须节录其句。如《竹篇》"莙"读若《春秋》"鲁公子彄"。《言篇》"誃"读若《论语》"誃予之足"之类。至于"趩"读若《春秋传》曰"辅趩","趚"读若《公羊传》曰"趚阶而走","穽"读若《虞书》曰"穽三苗"之穽,"戜"读若《诗》"戜戜大犹",即用本字为音,与全书之例不合,近儒以为传写涫讹。案此或"读若"下脱一比音之字。"之穽"二字则衍耳。传写者未必改注中易识之"窜"、"秩"、"穽"、"戜"也。又如"繻"既"需"声,又言"读若《易》'繻有衣'",则"读若"二字为衍也。又如引《书》"枼"读若刊,"圉"读若驿,而今本《尚书》即为刊字驿字。引《春秋》"嵒"读若聂,而今本《春秋》即为聂字。此类或由后人改易,相沿至今。或古文今文,传授异本。

一《说文》引经之字,重文者,有古文、籀文、篆文或字诸体;并附载。

---

① "似《古文尚书训》中说《微子》'牺牲牷'之文。《酉篇》'酏'字引贾侍中说"原脱,据《经郛》补。

一小学之书,《说文》、《广雅》最与《尔雅》相辅,诂训名物,敷证极博,辄依部居,逐字甄采。《玉篇》以下颇经窜乱,必择明引经句者录之。旁至汉魏碑铭,《释藏》音义,文字异同,靡不搜讨。

一汉儒传注,有古学今学之分,必先考其家法,然后异同可辩。郑司农先事京兆第五君,通《京氏易》、《公羊春秋》,又从东郡张恭祖受《周官》、《礼记》、《左氏春秋》、《韩诗》、古文《尚书》,又因涿郡卢植事扶风马融。其自序云:"遭党锢之事,逃难,注《礼》。党锢事解,注古文《尚书》、《毛诗》、《论语》。为袁谭所逼,来至元城,乃注《周易》。"《郑志》:"炅模问《坊记》注以《燕燕》为定姜之诗? 答云:'为记注时,执就卢君,先师亦然。后得《毛公传》,而为《诗注》,更从毛本。'"故郑君注《礼》,《易》用京氏,《诗》用韩、鲁,《公羊春秋》用颜氏。此其证也。典午以后,家法遂亡。河洛之间,尚遵古学。迄于唐初,得失参半。今自见存两汉传注以下,唐人义疏以前,及诸散佚古注,凡释此经而引彼经者,并采;所以博存异义,补缀阙遗。

一群经佚注,近多编辑成书,并雅材好博,收拾阙遗。今所纂经说,系取诸诸家章句之外。凡诸佚注,不尽复录,然采获浩博,篇牍牵连,即莫不贯串其中,阙漏亦鲜矣!

一《经典释文》所采诸本异字,诸家异读,并录。

一伪书如《家语》、《孔丛子》之类亦采者,如谳狱之当具两造。

一周秦诸子,未遭燔经。汉儒先师,荀卿最近。贾傅、董生绝学如线,淮南、刘向杂家博收。《论衡》以下,条绪可寻。迄于《家训》,辨难颇核。它如弘景药录,多通雅诂。甄鸾算术,专释五经。今并看核百家,溯洄六学。例诸介纯夏帆,广征尸子之大名;槐檀柞楢,旁援邹书之改火。

一史部起《史记》迄《唐书》,稽讨志传,钩提疏议。二京经业,可一字而千金。五代儒林,孰重南而轻北? 至于《通典》之淹贯《礼》说,《水经注》之研核地理,阐助经义,是为闳博。

一子注史注有涉经义者,并采以资证明。其为训释本书,使文义易晓者,稍择最要,附缀每条。

一逸纬及唐以前逸子、逸史、别史、传记有涉经义者,悉采。

一六朝以前通人纂箸,史传而外,文集间存,苟于经术有裨,不废采求散佚。

一采书悉仍原文,宁详毋略,每书必标每卷每篇以明所征。有据善本订误者,附注其下。

一卷首仿《经典释文》之法,为序录若干卷,以稽家法,考废兴。

一总经编纂之例,凡宏章钜典,众论如林,及闳说眇旨,综括经解,皆提纲挈领,不宜破碎;取刘向《别录》之法,为通论若干卷;取班固《白虎通义》、杜佑《通典》之法,为目若干条。

一分经编纂之例,逐条排比,离析章句,各依汉儒家法。其古学今学,焯然可知者,循其义类,按次缀辑。有所阙疑,以类附当篇末。

一编纂之例,每条先揭本经篇名,次录所采之书。《易》上下经题某卦,《书》、《诗》、《仪礼》、《礼记》、《尔雅》题某篇,《周礼》题某职,《春秋三传》题某公某年,《论语》、《孝经》、《孟子》题某章。文字异者,悉标经句以便循省。其为传注证明者,并列传注本文于章句下。

# 蒙文通《议蜀学》

清代经术之明，称轶前世！乾嘉之间，家研许、郑氏书，博名物，穷训诂，造述之宏，不可遍计而周数也！迄乎近世，特识之士，始喟然慨清儒之无成，独赞古音之学，实能于散漫繁惑之中，明其统理，斯为足尚，则清学之穷矣！

夫清儒述论，每喜以小辩相高，不务守大体；碎辞害义，野言乱德，究历数，穷地望，卑卑于文字章句之末，于一经之大纲宏旨或昧焉！虽矜言师法，又未能明于条贯，晓其义例，求其能若惠氏惠士奇、惠栋、张氏张惠言之于《易》，孔氏孔广森、庄氏庄存与之于《春秋》，金氏金榜、凌氏凌廷堪之于《礼》者，殆不可数数觏！则清学之敝为不可讳也！

道穷则变，逮其晚季。而浮丽之论张，儒者侈谈百家之言，于孔氏之术稍疏。经术至是，虽欲不改弦而更张之，诚不可得！井研廖先生廖平崛起斯时，乃一屏碎末支离之学不屑究，发愤于《春秋》，遂得悟于礼制。《今古学考》成，而昔人说经异同之故，纷纭而不决者，至是平分江河，若示诸掌，汉师家法，秩然不紊。盖其识卓，其断审，视刘宋以下游谈而不知其要者，固侚乎其有辨也！故其书初出，论者比之亭林顾氏顾炎武之于古音，潜邱阎氏阎若璩之于古文《尚书》，为三大发明。于是廖氏之学，自为一宗，立异前哲，岸然以独树而自雄也。盖三百年间之经术，其本在小学，其要在声韵，其详在名物，其道最适于《诗》、《书》，其源则导自顾氏者也。廖氏之学，其要在《礼经》，其精在《春秋》，不循昔贤之旧轨，其于顾氏固各张其帜以相抗者也。世之儒者，竞言许、郑氏学，然徒守《说文》《礼》注耳。廖氏本《五经异义》

以考两汉学说,今古家法,厘然不乱,此独非许、郑之学乎?今古之学既明,则孙、黄、胡、曹之礼书为可废。此左庵先生《周礼古注集疏》之所由作也。然不有乾嘉诸儒之披荆榛,寻旧诂,以导乎先路,则虽有廖氏无所致其功。惟廖氏之学既明,则后之学者可以出幽谷,迁乔木。于择术诚不可不审也!

寻廖氏之学,则能推知后郑之殊乎贾、马,而贾、马之别乎刘歆,刘歆之别乎董、伏、二戴,汉儒说经分合同异之故,可得而言。左庵先生其最也!斯岂乾嘉老硕所及知乎!左庵四世专《左氏》之学,及既入蜀,朝夕与廖氏讨校,专究心于《白虎通义》、《五经义异》之书,北游燕、晋,晚成《周官古注集疏》、《礼经旧说考略》,曰:"二书之成,古学庶有根底,不可以动摇也!"左庵之于廖氏,悗所谓尽弃其学而学焉者耶!其尊推廖氏也,曰:"贯彻汉师经例;自魏晋以来,未之有也!"则海内最知廖氏学者,宜莫过于左庵。今世纷纷言今古学,而左庵《礼疏》全帙未显,则古学可得而言乎!廖氏欲作《王制义证》,康更生欲作《孔子会典》,又皆不成,则经学可得而言乎!昧者不察,乃拘牵于文字异同之故以立论,斯亦游谈梦呓已耳!岂足道哉!

廖氏既成《今古学考》,遂欲集多士之力,述《十八经注疏》,以成蜀学。夫伊、洛当道丧学绝之后,犹能明洙泗之道,绍孟学之统,以诏天下。蜀人尚持其文章杂谩之学,以与朔、洛并驱。自顾氏以迄于今,其道已敝!吴越巨儒复已悔其大失,则蜀中之士,独不思阐其乡老之术以济道术之穷乎!是则承学之士,所宜熟思而慎择者也!然吾之所以钦夫廖氏,匪曰《礼经》焉尔!而尤乐其论《春秋》。《三传》异同,为学者所难明,由来旧矣!廖氏匡何、范、杜、服之注,以阐传义,复推公、穀之文,孰有先师之故义,孰为后师所演说,本之于经以折中《三传》之违异。盖自五家并驰以来,言《春秋》,固未有盛于此日者也!汉儒窨于师法,是谓知传而不知经。宋儒于传犹有所未喻,则经于何有!清儒之高者,或能发明汉师之说,是谓知注。下者视六艺,犹《说文》、《汉书》已尔,何足道哉!惟先生本注以通传,则执传以匡注,由传以明经,则依经以诀传。左庵谓廖氏长于《春秋》,善说礼制。吾谓廖氏之说礼,魏晋以来,未之有也!至其考论《春秋》,秦汉而下,无其偶也!七十子丧而大道乖。穀梁属传,当尸子、孝公之世;盖自子夏之殁,徒人各安其意以离其真,而《春秋》晦!先生起数千载之下,独探其微绪,中其本义,不眩惑乎三家之言。谓廖氏之言《春秋》,仅次游、夏而已可也!则亦司马、北宫之徒乎!六国而后,未易比拟!呜呼!亦已伟矣!近者先生方论《诗》、《易》于锦城,阐其六变之说,盖其道益以幼眇难知。而愚方滞隃中,尚未得闻其指要,不敢论,以俟面聆天人六译之绪者赞而辨之!

## 考证:

廖氏本《五经异义》以考两汉学说,今古家法,厘然不乱,此独非许、郑之学乎? ○博按:汉学经生有专家,有通学。《诗》之有毛公传,《春秋公羊》之有何休学,专家之学也。至许慎则时人为之语曰“五经无双许叔重”,而郑玄自称“博稽六艺”,通学也。大抵西京多专家,后汉喜通学,而许、郑则通学之桀。其著书可考见者:《后汉书·儒林传》曰:“许慎以五经传说,臧否不同,于是撰为《五经异义》。又作《说文解字》十四篇,皆传于世。”夫《说文》集诂训之大成,既为清儒古文学者所宗,而《异义》明今古之异学,亦为清儒今文学者所宝。《异义》,许慎所撰,郑玄有驳,隋唐《经籍志》箸录十卷,宋时已佚。近人编辑,有秉水王复本,阳湖庄葆琛本,嘉定钱大昕本,曲阜孔广森本,闽县陈寿祺本;而陈本上中下三卷,最晚出,有条理,疏证亦极精核。井研廖平本《五经异义》以考两汉学说,《今古学考》成,而昔人说经异同之故,纷纭而不决者,至是平分江河,汉师家法,秩然不紊,而《五经异义》之学蔚为大观,《异义》之有廖氏,犹《说文》之有段玉裁也。《后汉书·郑玄传》云:“凡玄所注:《周易》、《尚书》、《毛诗》、《仪礼》、《礼记》、《论语》、《孝经》、《尚书大传》、《中候》、《乾象历》。”传于后者,有《毛诗》笺,《周礼》、《仪礼》、《礼记》注。番禺陈澧《东塾读书记》曰:

"《六艺论》云：'注《诗》宗毛为主。毛义若隐略，则更表明；如有不同，即下己意，使可识别也。'《释文》引此郑君注经之法，不独《诗笺》为然！《周礼序》云：'二郑，同宗之大儒，今赞而辨之。'赞即表明也；辨即下己意也。《后汉书·儒林传》云：'郑玄本习《小戴礼》；后以古经校之，取其义长者。'何平叔《论语集解序》云：'郑玄就《鲁论》篇章，考之齐、古，为之注。'《尚书注》虽已佚；焦理堂辑《禹贡注》而释之云：'郑注一本于班氏《地理志》，间有不合者，必别据《地说》等书，明言所以易之之义。'然则郑君注《周礼》、《仪礼》、《论语》、《尚书》，皆与笺《诗》之物无异。有宗主，亦有不同；此郑氏家法也。何邵公《墨守》之学，有宗主而无不同。许叔重《异义》之学，有不同而无宗主。惟郑氏家法兼其所长，无偏无弊。"阐明郑学，可谓深究流别者矣！

# 丙　集
## 子　学　之　部

# 丙 集 叙 目

《庄子·天下篇》

太史公谈《论六家要指》

刘孚京《诸子论甲》（儒家）

陈三立《读荀子》

刘孚京《诸子论乙》（道家）

陈三立《老子注序》

章炳麟《庄子〈齐物论〉释序》

陈三立《读列子》

谢无量《韩非叙略》

孙诒让《墨子间诂序》

戴望《汪仲伊〈握奇图解〉序》

姚鼐《读〈司马法〉〈六韬〉〈孙子〉》

汪中《吕氏春秋序》

梅曾亮《淮南子书后》

右文十一家，所以辨章子学之源者也。昔南皮张之洞教学者，穷经之后，继以读子；谓"子有益于经者三：一证佐事实，一证补诸经佚文讹文，一兼通古训古音韵。然此犹浅之乎言诸子也。大抵天地间人情物理，下至猥琐纤末之事，经所不能尽者，子部无不有之；其趣妙处，较之经史，尤易引人入胜。故不读子，不知瓦砾糠粃，无非至道。不读子，不知文章变化，无可端倪也。"见《輶轩语》。然读子书，不可不知诸子之所自起与其宗旨以尽其流别。今录《庄子·天下篇》，所以明诸子之自起。录太史公谈《论六家要旨》，所以明诸子之宗旨。而录刘孚京《诸子论》以下八家,则所以尽诸子之流别也,然而有未尽者,请得而拾其阙遗焉;班固《汉书·艺文志》著录诸子十家曰:儒家、道家、阴阳家、法家、名家、墨家、纵横家、杂家、农家、小说家;而许为可观者,儒、道、阴阳、法、名、墨、纵横、杂、农九家而已。然余观纵横一家,仅苏秦、张仪数人,恃其利口捷给,捭阖短长,游说王公大人,以取一时富贵,夸诞无学,固与远西之雄辩家绝殊。而杂家之学,兼儒墨,合名法,宗旨不纯,又奚名家?盖家则不杂,杂则非家,未可兼而称之也。至农家者流,播百谷,劝耕桑以足衣食;樊迟请学稼,疑汲其流,然孔子斥之曰"小人哉!"见《论语·子路第十三》。孟子时,有为并耕之说者许行,自托于神农之言,《孟子·滕文公上》。然其书不概见,则卑之无甚高论矣。宁只小说者流之媲于小道,泥于致远也。然则诸子十家,可观者惟儒、道、阴阳、法、名、墨六家而已。而儒与道德二者,尤为一切学术之所宗焉。余读司马迁《史记·老子韩非列传》赞:"申子卑卑,施之名实;韩子引绳墨,切事情,明是非,其极惨礉少恩,皆原于道德之意。"则是申、韩法术之学,原于道德也。老子所贵道,虚无因应,变化于无为,而为法术之所自出。余读《尹文子》之言曰:"道不足以治,则用法。法不足以治,则用术。术不足以治,则用权。权不足以治,则用势。势用则反权。权用则反术。术用则反法。法用则反道。道用则无为而自治。故穷则徼终;徼终则反始;始终相袭,无穷极也。"见《尹文子·大道上》。则是法术出于道,又反入于道,始卒若环,莫得其伦也。然则申、韩之原道德,特以不同形相禅耳!申不害之学,原于道德之意,而主刑名,以名责实,尊君卑臣。其佚文曰:"名者,天地之纲,圣人之符,张天地之纲,用圣人之符,则万物之情无所逃之。故善为主者倚于愚,立于不盈,设于不敢,藏于无事,窜端匿迹,示天下无为;是以近者亲之,远者怀之。示人有馀者,人夺之。示人不足者,人与之。刚者折,危者覆;动者摇,静者安。名自正也,事自定也,是以有道者自名而正之,随事而定之也。"见《群书治要》引《大体篇》。著书二篇,号曰《申子》;相韩昭侯十五年,国治兵强,无侵韩者。申子言术,而卫鞅为法。法者,人臣之所师;而术者,人主之所执。法者,赏存乎慎法,罚加乎奸令,编著之圆籍,设之于官府而布之于百姓者也。术者,因任而授官,循名而课实,藏之于胸中,以偶万端而潜御群臣者也。详见《韩非子·定法第四十三》。故术不欲见,而法莫如显。术用在潜,而法行以信。卫鞅之书曰:"吏民知民知法令也,故吏不敢以非法遇民,民不敢犯法以干法官也。故圣人为法,必使之明白易知。"见《商君书·定分第二十六》。此"法莫如显"之说也。又曰:"国皆有法而无使法必行之法。国皆有禁奸邪刑盗贼之法,而无使奸邪盗贼必得之法。圣人有必信之性,又有使天下不得不信之法。"见《商君书·画策第十八》。"此法行以信"之说也。秦孝公善其言,用为相,变法更令,传《商君书》二十九篇,亡者五篇。顾韩非患卫鞅之无术,而又病申子未尽法;于是综法术道德,著书五十五篇。其言曰:"道者,万物之始,是非之纪也。是以明君守始以知万物之原,治纪以知善败之端,故虚静以待令,令名自命也,令事自定也。虚则知实之情。静则知动者正。有言者自为名,有事者自为形。形名参同,君乃无事焉,归之其情;故曰'君无见其所欲'。道在不可见。用在不可知。虚静无事,以暗见疵。见而不见,闻而不闻,知而不知。知其言以往,勿变勿更,以参合阅焉。官有一人,勿令通言,则万物皆尽。函掩其迹,匿其端,下不能原。去其知,绝其能,下不能意。"见《韩非子·主道第五》。此所以明术也。又曰:"十仞之城,楼季勿能蹭者,峭也。千仞之山,跛牂易牧者,夷也。故明王峭其法而严其刑也。布帛寻常,庸人不释。烁金百镒,盗贼不掇。不必害,则不释寻常。必害手,则不掇百镒。故明主必其诛也。是以赏莫如厚而信,使民利之。罚莫如重而必,使民畏之。法莫如一而故,使民知之。故主施赏不迁。行诛无赦。"见《韩非子·五蠹第四十九》。此所以饬法也。其极惨礉少恩,皆原于道德之意。然道德者,术之所自出。而为法者,道之所不许。何以明其然?老子言:"民不畏死,奈何以死惧之。"见《道德经》第七十四章。太史公《酷吏列传》亦引《老子书》"法令滋章,盗贼多有"之说,而云"法令者治之具,而非制治清浊之源"。然则为法者,道之所不许。此太史公列传所为别署商君而不以同于申、韩。次之老庄之后者也。惟老庄兼综有名无名,阐道于玄;而申不害贵名之正,韩非亦言"刑名参同"断断焉致谨于名,斯所以异耳!《汉书·艺文志》载"名家者流,盖出于礼官"。而礼者,儒之所特重。孔子论治人情礼之不可以已。见《礼记·礼运第九》。晏婴讥孔子盛容饰,繁登隆之礼,见《史记·孔子世家第十七》。而太史公谈亦称儒者序君臣父子之礼为不可易。见太史公谈《论六家要旨》。斯皆儒家重礼之证。而古者名位不同,礼亦异数;故齐礼者必正名。"名不正则言不顺。"见《论语·子路第十三》。"异形离心,交喻异物,名实玄纽,贵贱不明,同异不别,如是,则志必有不喻之患,而事必有困废之祸。故知者为之分别,制名以指实,上以明贵贱,下以别同异;贵贱明,同异别,如是,则志无不喻之患,事无困废之祸。"见《荀子·正名篇第二十二》。此名家之学所由起,而孔子所为发正名之对,荀子所以著正名之篇也。则是名家,儒之所自出也。名家本出于礼;而何以惠施言名,乃至"不法先王,不是礼义",见讥儒者?见《荀子·非十二子篇》。盖礼正名以昭别;而惠乱名以混同;言名同,而所以言则殊致。礼论小大之殊,而惠施则谓"至大无外,谓之大一;至小无内,谓之小一",见《庄子·天下篇》,下同。小大一体也。礼叙尊卑之别,而惠施则谓"天与地卑,山与泽平",尊卑一体也。礼别同异之嫌,而惠施则谓"大同而与小同异,此之谓小同异;万物毕同毕异,此之谓大同异",同异一体也。此其言名务侵差等,比之墨氏之兼爱上同也。故要而言之曰:"泛爱万物,天地一体也。"则亦"有见于齐","无见于畸"者矣!《荀子·天论篇》曰:"墨子有见于齐,无见于畸。"余读老子书所以籀道之常者,兼综有名无名,去别宥而尚玄同,则曰"无名天地之始"。明同异而察名实,则曰"有名万物之母"。大抵儒征其有以正名。惠侵其等以混一。此名家之所以殊于儒也。儒者修祭祀,谨鬼神;而阴阳家者流,依于鬼神之事,好言机祥。《汉书·艺文志》阴阳家有《邹子》四十九篇,云:"名衍,齐人,为燕昭王师,居稷下,号谈天衍。"《邹子终始》五十六篇,师古曰:"亦邹衍所说。"而《史记·孟子传》叙邹衍深观阴阳消息,而作怪迂之变,《终始大圣之篇》十馀万言,其语宏大不经,先序今以上至黄帝,大并世盛衰,因载其机祥制度,五德转移,治各有宜;然要其归必主乎仁义节俭,君臣上下六亲之施;然则所谓阴阳家者,殆儒家之支与流裔耶?余读荀卿《非十二子篇》称:"略法先王而不知其统,犹然而材剧志大,闻见杂博,案往旧造说,谓之五行,甚僻违而无类,幽隐而无说,闭约而无解;案饰其辞而只敬之曰:'此真先君子之言!'子思倡之。孟轲和之。"则是阴阳五行之学,倡于子思、孟轲也。子思无可考。《汉书·艺文志》兵阴阳有《孟子》一篇,书虽不传;而可以证孟子之于阴阳五行有所造说。顾或者引杨倞注谓"五行五常仁义礼智信",非也。夫五行之说,造于《尚书·洪范》,一曰水,二曰火,三曰木,四曰金,五曰土。而仁、义、礼、智、信五者谓之五常,自古无五行之说;且儒家之常言,非思、轲所创;奚有所谓"僻违"、"幽隐"、"闭约"、"无类"、"无说"、"无解"也?余观邹衍《终始大圣之篇》,序今以上至黄帝,学者所共术,大并世盛衰,因载机祥制度,五德转移,治各有宜,是正荀卿非子思、孟轲所称"略法先王,案往旧造说,谓之五行"者也。汉兴,承秦灭学之后,景、武之世,董仲舒治《公羊春秋》,始推阴阳为儒者宗!宣、元之后,刘向治《穀梁春秋》,数其祸福,傅以《尚书·洪范》箕子为武王陈五行阴阳休咎之应。向乃集合上古以来,历春秋、六国至秦、汉符瑞灾异之记,推迹行事,连傅祸福,著其占验,比类相从,各有条目,凡十一篇,号曰《洪范五行传论》。见《汉书·五行志》刘向传。是即《汉书·五行志》之所本,而有合于荀卿,非子思、孟轲所称"略法先王,案往旧造说,谓之五行",与邹衍《终始大圣之篇》,后先同符者也。今邹衍《终始大圣之篇》不传,独传刘向之《洪范五行》。"五行"者,殆即"五德转移"之谓。而邹衍之见诃于马迁者,曰"怪迂之变",曰"宏大不经"。今观荀卿非思、轲所称"材剧志大,闻见杂博",傥即"宏大"之异词耶?所谓"甚僻违无类","幽隐无说","闭约无解",傥即"怪迁"、"不经"之异词耶？学同，故所以被诃者亦同；宁只"要其归于仁义节俭，君臣上下六亲之施"之足以证阴阳家言之自儒也哉？惟马迁为能明诸子学术之流变，故次邹衍以附儒家孟子之传，犹之次申不害、韩非以附道者老庄之传也。马迁之传申、韩，推其本于黄老道德，犹之传邹衍之"要其归于仁义节俭"，要以著学术之自出，见附传之用心焉。虽然，"儒与墨不同术，而马迁次墨翟以附儒家孟子、荀卿传后者曷居？"曰："墨与儒不同术，而出自儒。"《淮南子·要略训》称："墨子学儒者之业，受孔子之术，以为其礼烦扰而不说，厚葬靡财而贫民，服伤生而害事，故背周道而用夏政。"欲变文而反之质。然谆复深切，陈古凯今，喜称道诗书，与儒者类。则墨者亦儒之继别为宗者矣。大抵墨氏"上同"，儒者"明分"。"上同"，斯贵兼以斥别"明分"，故等衰之有差。《墨子·兼爱下》曰：别士之言曰："吾岂能为吾友之身，若为吾身；为吾友之亲，若为吾亲"，别士之言若此，行若此。兼士不然曰："必为其友之身，若为吾身；为其友之亲，若为其亲；然后可以为高士于天下！"斯墨氏之"上同"也。儒者则不然。《孟子·尽心上》曰："君子之于物也，爱之而弗仁。于民也，仁之而弗亲。亲亲而仁民。仁民而爱物。"朱子《集注》引杨氏曰："其分不同；故所施不能无差等。"则是明爱之不能无差等，而贵"明分"也。《荀子·富国篇》曰："礼者，贵贱有等，长幼有差，贫富轻重皆有称者也。无君以制臣，无上以制下；天下害生纵欲，欲恶同物；欲多而物寡；寡则必争，争则乱，乱则穷矣！故无分者，人之大患也。有分者，天下之本利也。而人君者所以管分之枢要也。兼足天下之道在明分。"则是明礼之不可无等差，而贵"明分"也。此儒与墨之分也。墨子"上同"以名篇；庄子"齐物"以著论；"有见于齐"同；而所以"有见于齐"者异。何者？盖庄生欲任不齐以为大齐。而墨子则壹异义而统于同。一主放任，一为干涉。此道与墨之分也。近儒扬榷先秦诸子学者，往往称墨学足与孔老鼎足为雄。然此以论墨子当日则可，匪所语于后来也。余观先秦而后，数千祀间，汉初尚黄老；汉武礼儒者；魏晋谭老庄；唐宋宗孔孟；迭相起仆，实为孔老代兴之史，宁有墨学回翔之馀地者！而墨学中兴，不过挽近数十年间尔。自欧化之东渐，学者惭于见绌，返求之已而得一墨子焉！观其《兼爱》《非攻》，本于《天志》，类基督之教义；而《经》《经说》与《小取》诸篇，可以言西来之天算重光诸学，又于逻辑之指有当。由是谭欧化者忻得植基于国学焉！此晚近墨学之所为大盛，而骎驾孔子之上者也。若论其朔，则墨子者不过孔子之继别为宗者尔。孔子之为学，与老子殊。老子之明道也，究极于"玄之又玄"。见《道德经》第一章。而孔子则以"诚"为归。见《礼记·中庸第三十一》。老子崇道于天地万物之先，参观《道德经》二十五章、第四十二章。而孔子则体诸人伦日用之间。老子斥礼者道德仁义之失，忠信之薄；见《道德经》第三十八章。而孔子则明礼起于大道之隐，所以救忠信之薄，刑仁讲让而示民之有常。见《礼记·礼运第九》。此孔子之所以别于老也！然问礼于老，见《史记·孔子世家第十七》，又《老庄申韩列传第三》。渊源有自。孔子"礼顺人情"，见《礼记·礼运第九》。"率性为道"见《礼记·中庸第三十一》。之说，奚必不本于老之"道法自然"？见《道德经》第二十五章。辙迹显然，不容讳也。孔子曰："道不同，不相为谋。"见《论语·卫灵公第十五》。其然，岂其然耶？余观周、秦学者，有相为谋而不同道者；如申、韩之原于道德，名、墨、阴阳之出自儒者，孔子之问礼于老，是也。然有同道而不相择者，如荀子之于孔子是也。荀子以从性顺情为恶，违性制情为礼，见《荀子·性恶篇第二十三》。矫自然而不法自然；言礼义与孔子同；而所以言礼言义骎，则与孔子异。孔子述尧舜，见《礼记·中庸第三十一》。而荀法后王。见《荀子·非相篇第五》。孔子道率性，而荀重师法。参观《荀子·修身篇第二》《性恶篇第二十三》。孔子作《春秋》，明天人相与之际；见《董子·贤良对策》。而荀子《天论篇》则明于天人之分，而斥天人之不相与。孔子曰"夫礼必本于天，以人情为本。"见《礼记·礼运第九》。而荀子曰："礼义者，生于圣人之伪，非故生于人之性也。"见《荀子·性恶篇第二十三》。要之荀子之意，率性而适自然，则失其所以为人。拂性而矫自然，乃即其所以为礼。此又荀子之所以大别于孔也！於戏！二帝三王已还，天叙天秩，既垂典常；见《书·皋陶谟第十五》。而老子之"道法自然"，孔子之"率性为道"，墨子之诵说"天志"，罔不尊自然而崇天则；迨荀子之起而悉摧拉无馀焉。可特笔也！然则荀子者，虽自谥曰"仲尼之徒"哉？殆不啻孔学之革命者耳！宁只性恶其说，与孟子立异闻哉！厥后荀子之高第弟子韩非薄仁义，厉刑禁；参观《韩非子·难》、《难势》、《五蠹》、《显学》诸篇。李斯绌诗书，陈督责见《史记·李斯列传第二十七》；论者或以为惨酷少恩！自余观之，此二人者，盖笃信荀子"矫性起伪"之师说，而薪措诸行事者也；虽所施或拂人心之同然；韩退之有言："士之特立独行，适于义而已！不顾众人之是非，皆豪杰之士，信道笃而自知明者也。一家一国非之，力行而不惑者寡矣。"至于韩非、李斯者，举世非之，力行而不惑；彼岂无所挟持而能之哉？殆笃信师说而不惑于流俗耳！余故特表而出之以谂治国故者。荀子之为学，始诵经，终读礼，綦重章句文学，诵数以贯，思索以通；见《荀子·劝学篇第一》。而汉儒穷经，《诗》之鲁、毛，《春秋》之榖梁、左氏，皆传自荀卿；《礼》大、小戴《记》文多采《荀子》书，厥为汉儒朴学之宗。而孟子受业孔子之孙子思，传《中庸》率性之道，作七篇书，明心见性，而阐性道之要；则导宋儒性学之先。其大较然也。余耽嗜子家，粗有窥记。于是辩章源流以明百家之有相自，勘比同异以明百家之何所别。谨最而次于目后，俾学者知所览观焉。

# 《庄子·天下篇》

"天下之治方术者多矣,皆以其有为不可加矣!古之所谓道术者,果恶乎在?"曰:"无乎不在。"曰:"神何由降?明何由出?""圣有所生,王有所成,皆原于一。"

不离于宗,谓之天人。不离于精,谓之神人。不离于真,谓之至人。以天为宗,以德为本,以道为门,兆于变化,谓之圣人。以仁为恩,以义为理,以礼为行,以乐为和,薰然慈仁,谓之君子。以法为分,以名为表,以参为验,以稽为决,其数一二三四,是也,百官以此相齿,以事为常。以衣食为主,蕃息畜藏,老弱孤寡为意,皆有以养,民之理也。

古之人其备乎!配神明,醇天地,育万物,和天下,泽及百姓,明于本数,系于末度,六通四辟,小大精粗,其运无乎不在。其明而在数度者,旧法世传之史尚多有之。其在于《诗》、《书》、《礼》、《乐》者,邹鲁之士,缙绅先生多能明之;《诗》以道志,《书》以道事,《礼》以道行,《乐》以道和,《易》以道阴阳,《春秋》以道名分。其数散于天下而设于中国者,百家之学,时或称而道之。天下大乱,贤圣不明,道德不一;天下多得一察焉以自好;譬如耳目鼻口,皆有所明,不能相通;犹百家众技也,皆有所长,时有所用。虽然,不该不遍,一曲之士也,判天地之美,析万物之理,察古人之全;寡能备于天地之美,称神明之容!是故内圣外王之道,暗而不明,郁而不发;天下之人,各为其所欲焉以自为方。悲夫!百家往而不反,必不合矣!后世之学者,不幸不见天地之纯,古人之大体。道术将为天下裂!

不侈于后世,不靡于万物,不晖于数度,以绳墨自矫而备世之急;

古之道术有在于是者。墨翟、禽滑离闻其风而说之；为之大过，已之大顺，作为《非乐》，命之曰节用，生不歌，死无服。墨子泛爱兼利而非斗，其道不怒；又好学而博，不异；不与先王同，毁古之礼乐。黄帝有《咸池》，尧有《大章》，舜有《大韶》，禹有《大夏》，汤有《大濩》，文王有辟雍之乐，武王、周公作《武》。古之丧礼，贵贱有仪，上下有等。天子棺椁七重，诸侯五重，大夫三重，士再重。今墨子独生不歌，死无服，桐棺三寸而无椁，以为法式。以此教人，恐不爱人；以此自行，固不爱己。未败墨子道；虽然，歌而非歌，哭而非哭，乐而非乐，是果类乎？其生也勤，其死也薄；其道大觳。使人忧，使人悲；其行难为也，恐其不可以为圣人之道。反天下之心，天下不堪；墨子虽独能任，奈天下何？离于天下，其去王也远矣！墨子称道曰："昔者禹之堙洪水，决江河而通四夷九州也；名山三百，支川三千，小者无数；禹亲自操橐耜而九杂天下之川。腓无胈，胫无毛，沐甚雨，栉疾风，置万国。禹大圣人也，而形劳天下也如此！"使后世之墨者多以裘褐为衣，以跂蹻为服，日夜不休，以自苦为极；曰："不能如此，非禹之道也；不足为墨！"相里勤之弟子，五侯之徒；南方之墨者苦获、己齿、邓陵子之属，俱诵《墨经》，而倍谲不同；相谓别墨；以坚白同异之辨相訾，以觭偶不仵之辞相应；以巨子为圣人，皆愿为之尸，冀得为其后世，至今不决。墨翟、禽滑厘之意则是，其行则非也；将使后世之墨者，必自苦，以腓无胈，胫无毛相进而已矣。乱之上也，治之下也。虽然，墨子真天下之好也！将求之不得也！虽枯槁不舍也，才士也夫！

不累于俗，不饰于物；不苟于人，不忮于众；愿天下之安宁以活民命，人我之养，毕足而止；以此白心，古之道术有在于是者。宋钘、尹文闻其风而悦之；作为华山之冠以自表，接万物以别宥为始；语心之容，命之曰心之行，以聏合欢，以调海内请欲，置之以为主；见侮不辱，救民之斗；禁攻寝兵，救世之战；以此周行天下，上说下教，虽天下不取，强聒而不舍者也。故曰"上下见厌而强见也"。虽然，其为人太多，其自为太少。曰："请欲固置五升之饭，足矣！先生恐不得饱；弟子虽饥不忘天下。"日夜不休；曰："我必得活哉！"图傲乎救世之士哉！曰："君子不为苛察，不以身假物。"以为无益于天下者，明之不如已也。以禁攻寝兵为外，以情欲寡浅为内；其小大精粗，其行适至是而止。

公而不当，易而无私，决然无主，趣物而不两；不顾于虑，不谋于知，于物无择，与之俱往；古之道术有在于是者。彭蒙、田骈、慎到闻其风而悦之；齐万物以为首，曰："天能覆之而不能载之。地能载之而不能覆之。大道能包之而不能辩之。"知万物皆有所可，有所不可；故曰："选则不遍，教则不至，道则无遗矣。"是故慎到弃知去己而缘不得已，泠汰于物以为道理；曰："知不知，将薄知而后邻伤之者也。"謑髁无任，而笑天下之尚贤也。纵脱无行，而非天下之大圣。椎拍辐断，与物宛转；舍是与非，苟可以免；不师知虑，不知前后，魏然而已。推而后行，曳而后往，若飘风之还，若羽之旋，若磨石之隧，全而无非，动静无过，未尝有罪；是何故？夫无知之物，无建己之患，无用知之累，动静不离于理，是以终身无誉；故曰："至于若无知之物而已，无用贤圣！夫块不失道。"豪杰相与笑之曰："慎到之道，非生人之行，而至死人之理。"适得怪焉！田骈亦然，学于彭蒙，得不教焉。彭蒙之师曰："古之道人，至于莫之是，莫之非而已矣。其风窢然，恶可而言！常反人不见观，而不免于魭断。"其所谓道非道，而所言之韪不免于非。彭蒙、田骈、慎到不知道；虽然，概乎皆尝有闻者也。

以本为精，以物为粗；以有积为不足，澹然独与神明居；古之道术有在于是者。关尹、老聃闻其风而悦之；建之以常、无、有，主之以太一；以濡弱谦下为表，以空虚不毁万物为实。关尹曰："在己无居，形物自著；其动若水，其静若镜，其应若响；芴乎若亡，寂乎若清，同焉者和，得焉者失。未尝先人而常随人。"老聃曰："知其雄，守其雌，为天下溪。知其白，守其辱，为天下谷。"人皆取先，己独取后，曰"受天下之垢"。人皆取实，己独去虚；无藏也故有馀。巋然而有馀，其行身也徐而不费，无为也而笑巧。人皆求福，己独曲全，曰"苟免于咎"。以深为根，以约为纪；曰："坚则毁矣，锐则挫矣。"常宽容于物，不削于人，可谓至极！关尹、老聃乎，古之博大真人哉！

芴漠无形，变化无常，死与生与？天地并与？神明往与？芒乎何之？忽乎何适？万物毕罗，莫足以归；古之道术有在于是者。庄周闻其风而悦之；以谬悠之说，荒唐之言，无端崖之辞，时恣纵而不傥，不以觭见之也。以天下为沈浊，不可与庄语；以卮言为曼衍，以重言为真，以寓言为广。独与天地精神往来，而不敖倪于万物；不谴是非以与世俗处。其书虽瑰玮而连犿无伤也。其辞虽参差而诙诡，可观。彼其充实，不可以已；上与造物者游，而下与外死生无终始者为友。其于本也弘大而辟，深闳而肆；其于宗也，可谓调适而上遂矣。虽然，其应于化而解于物也，其理不竭，其来不蜕，芒乎昧乎，未之尽者。

惠施多方，其书五车，其道舛驳，其言也不中。厤物之意，曰："至大无外，谓之大一。至小无内，谓之小一。无厚，不可积也，其大千里。""天与地卑。山与泽平。""日方中方睨。物方生方死。""大同与小同异，此之谓小同异。万物毕同毕异，此之谓大同异。""南方无穷而有穷。""今日适越而昔来。""连环可解也。我知天下之中央；燕之北，越之南，是也。""泛爱万物，天地一体也。"惠施以此为大观于天下而晓辩者。天下之辩者，相与乐之。卵有毛，鸡三足，郢有天下，犬可以为羊，马有卵，丁子有尾。火不热，山出口，轮不辗地。目不见，指不至，至不绝，龟长于蛇。矩不方，规不可以为圆，凿不围枘。飞鸟之景，未尝动也。镞矢之疾，而有不行不止之时。狗非犬。黄马骊牛三。白狗黑。孤驹未尝有母。一尺之捶，日取其半，万世不竭。辩者以此与惠施相应，终身无穷。桓团、公孙龙辩者之徒，饰人之心，易人之意；能胜人之口，不能服人之心，辩者之囿也。惠施日以其知与人之辩，特与天下之辩者为怪，此其柢也。然惠施之口谈，自以为最贤；曰："天地其壮乎！"施存雄而无术。南方有倚人焉曰黄缭，问天地所以不坠不陷，风雨雷霆之故？惠施不辞而应，不虑而对，遍为万物说；说而不休，多而无已，犹以为寡；益之以怪。以反人为实，而欲以胜人为名,是以与众不适也。弱于德,强于物,其涂隩矣！由天地之道,观惠施之能,其犹一蚊一虻之劳者也,其于物也何庸！夫充一尚可曰愈,贵道几矣！惠施不能以此自宁,散于万物而不厌;卒以善辩为名。惜乎惠施之才！骀荡而不得,逐万物而不反;是穷响以声,形与影竞逐也。悲夫！

## 考证：

蕃息畜藏,老弱孤寡为意,皆有以养。〇新会梁启超《庄子天下篇释义》曰:"'老弱孤寡为意',文不可通;疑'为意'二字,当在'养'字下。文为'蕃息畜藏,老弱孤寡皆有以养为意'。"

配神明,醇天地。〇余杭章炳麟《庄子解故》曰:"'醇'借为'准'。《地官·质人》'壹其淳制'。《释文》:'淳音准。'是其例。《易》曰:'易与天地准。''配神明,准天地'二句同意。"

天下多得一察焉以自好。〇高邮王念孙《读书杂志》曰:"郭象断'天下多得一'为句。《释文》曰:'得一,偏得一术。'念孙按:'天下多得一察焉以自好',当作一句读。下文云'天下之人各为其所欲焉以自为方'句法正与此同。'一察',谓'察其一端'而'不知其全体'。下文云'譬如耳目鼻口,皆有所明,不能相通';即所谓'一察'也。若以一字上属为句,察字下属为句,文不成义矣。"德清俞樾《诸子平议》曰:"按郭读文不成义,当从王读。惟以'一察'谓'察其一端',义亦未安。'察'当读为'际'。'一际'犹'一边'也。《广雅·释诂》'际'、'边'并训'方',是'际'与'边'同义。'得其一际',即'得其一边',正不知全体之谓'察'、'际'并从'祭'声,古音相同,故得通用耳。下文云'不该不遍,一曲之士也'。'一际'与'一曲',其义相近。"

为之大过,已之大顺。〇德清俞樾《诸子平议》曰:"谨按:'已'读为'以','顺'读为'驯',古字并通。以,用也。'以之太驯',谓'用之大驯熟'也。"余杭章炳麟《庄子解故》曰:"'顺'借为'蹎'。'蹎'者,'舛'之或字,俗亦作'僢'。'顺'从川声。《说文》首下云:'川象发谓之馨'，馨，即川也；是古字借川为馨，明川声春声通；故'顺'得借为'踳'。上说'为之大过'，谓沐雨栉风，日夜不休也。此说'已之太踳'，谓节葬，非乐，反天下之心也。"新会梁启超《庄子天下篇释义》曰："'已'止也，即下文'明之不如其已'之'已'。'太顺'，即太甚之意。'为之太过，已之大甚'，言应做之事，做得太过分，应节止之事，亦节止得太过分。'顺'、'甚'音近，可通也。"三家不同，梁与章义相发，而说为长。

又好学而博。不异。不与先王同，毁古之礼乐。○余杭章炳麟《庄子解故》曰："'又好学而博'为句。'不异'为句。'不与先王同'为句。言墨子既不苟于立异，亦不一切从同。不异者，尊天，敬鬼，尚俭，皆清庙之守所有事也。不同者，节葬，非乐，非古制本然也。"博按："不与先王同"，当连下"毁古之礼乐"读为句。"毁古之礼乐"，所以证其"不与先王同"也。

未败墨子道。○余杭章炳麟《庄子解故》曰："'未'借为'非'，'败'即'伐'字，言己非攻伐墨子之道也。"博按：《诗·民劳》"无俾正败"，笺："败，壤也。"《说文·攴部》："败，毁也。"言己非毁墨子之道也；较训"伐"尤顺。

名山三百。支川三千。○德清俞樾《诸子平议》曰："按'名山'当作'名川'。下文曰'禹亲自操橐耜而九杂天下之川'；可见此文专以川言，不当言山也。《襄十一年左传》曰：'名山名川'；是山川并得言'名'。《吕氏春秋·有始览篇》、《淮南子·墜形篇》并云'名川六百。'"

虽然，墨子真天下之好也。○郭象曰："为其真好重圣贤不逆也，但不可以教人。"德清俞樾《诸子平议》曰："按'真天下之好'，谓其真好天下也，即所谓'墨子兼爱'也。下文曰：'将求之不得也，虽枯槁不舍也。'此'求'字，即'心诚求之'之'求'。'求之不得'，'虽枯槁不舍'，即所谓'摩顶放踵，利天下为之'也。郭注未得。"博按："好"本有"爱"之一义。《楚辞·惜诵》"父信谗而不好"，注："好，爱也。"然则

"天下之好"，训以兼爱，义无不可。

不苟于人。〇余杭章炳麟《庄子解故》曰："苟"者"苛"之误。《说文》言"苛之字止句"，是汉时俗书"苛"、"苟"相乱。下言"苛察"，一本作"苟"；是其例也。

语心之容，命之曰心之行。〇余杭章炳麟《庄子解故》曰："'容'借为'欲'，同从'谷'声；东侯对转也。《乐记》'感于物而动，性之欲也'。《乐书》作'性之颂也'。'颂'、'容'古今字。'颂'借为'欲'，故'容'亦借为'欲'。《荀子·正论篇》'子宋子曰：人之情欲寡，而皆以己之情为欲多。'是宋钘语'心之欲'之事。"

以聏合欢，以调海内情欲，置之以为主。〇余杭章炳麟《庄子解故》曰："'聏'借为'而'。《释名》：'饵，而也，相黏而也。'是古语训'而'为'黏'，其本字则当作'暱'。'暱'或作'昵'，《左氏传》'不暱'，《说文》引作'不䵸'。'䵸'，'黏'也；相亲暱者，本有䵸合之意。故此言'以而合欢'，亦即'以暱合欢'也。《说文》：'暱，日近也。'古音'而'如'耐'；'暱'亦作舌头音，同部同纽相借也。"新会梁启超《庄子天下篇释义》曰："'聏'字不见他书；郭嵩焘据《庄子阙误》引作'胹'，训为'烂也'、'软也'。大概当是宋钘、尹文用软熟、和合、欢喜的教义，以调节海内人的情欲。'请欲'，当读为'情欲'，即下文'情欲寡浅'之'情欲'也。'请'读为'情'，《墨子》书中甚多；'情'、'请'二字，古通用甚明。宋钘、尹文即以此种情欲为学说基础，故曰'以聏合欢，以调海内请欲，置之以为主'。"两家说异，而大指不违，梁说为长。

图傲乎救世之士哉。〇余杭章炳麟《庄子解故》曰："'图'当为'啚'之误。啚即'鄙陋'、'鄙夷'之本字。'啚傲'犹今言'鄙夷'耳。"

厤物之意。〇余杭章炳麟《庄子解故》曰："'厤'，即'巧历'之'历数'也。'意'者，《礼运》云'非意之也'，注：'意，心所无虑也。'《广雅·释训》：'无虑，都凡也。'在心计其都凡曰'意'。在物之都凡亦曰'意'。'厤物之意'者，'陈数万物之大凡'也。"

丁子有尾。〇余杭章炳麟《庄子解故》曰："'丁子'盖'顶趾'之借。'顶趾'与'尾'本殊体,而云'顶趾有尾',犹云'白狗黑','犬可以为羊'耳。"

指不至,至不绝。○博按:《释文》引司马云:"夫指之取物,不能自至,要假物故至也。然假物由指不绝也。"据此云"假物由指不绝也",疑《庄子》原文本作"指不至,指不绝"。今作"至不绝"者,承上"指不至"之"至"字音近而讹。

龟长于蛇。○德清俞樾《诸子平议》曰:"按此即'莫大于秋毫之末而太山为小'之意。司马云:'蛇形虽长而命不久。龟形虽短而命甚长。'则小以形言而以寿言;真为龟长蛇短矣!殊非其旨。"

惠施日以其知与人之辨,特与天下之辨者为怪。此其柢也。○德清俞樾《诸子平议》曰:"按'与人之辨',义不可通。盖涉下句'天下之辨者'而衍'之'字。'柢'与'氐'通。《史记·秦始皇本纪》:'大氐尽畔秦吏。'《正义》曰:'氐犹略也。''此其柢也',犹云'此其略也'。上文'卵有毛'、'鸡三足'以下皆是。"

夫充一尚可曰愈,贵道几矣。○《释文》曰:"愈贵,李云:'自谓所慕愈贵近于道也。'"语殊费解。博按:"充一"即"主之以太一"之意,而"愈"读如《礼记·三年问》"痛甚者其愈迟"之"愈"。《释文》:"愈,差也。"《匡谬正俗》八:"愈,胜也,故痛差者言愈。"老子曰:"少则得,多则惑,是以圣人抱一为天下式。"《庄子·人间世》曰:"道不欲杂,杂则多,多则扰,扰则忧,忧而不救。"今惠施"厤物之意","遍为万物说,说而不休,多而无已,犹以为寡",此正老子所谓"多则惑",庄子所谓"多则扰"者也。故庄子以"充一"之说进,曰"充一尚可曰愈"者,谓惟"充一"尚可愈"多"之扰惑。老子曰:"道生一","贵道"则几"充一"矣!《释文》以"愈贵"断读者非也。

# 太史公谈《论六家要指》

太史公学天官于唐都，受《易》于杨何，习道论于黄子。太史公仕于建元、元封之间，愍学者之不达其意而师悖，乃论六家之要指曰：

《易大传》："天下一致而百虑，同归而殊途。"夫阴阳、儒、墨、名、法、道德，此务为治者也；直所从言之异路，有省不省耳。

尝窃观阴阳之术，大祥而众忌讳，使人拘而多所畏；然其序四时之大顺，不可失也。

儒者博而寡要，劳而少功，是以其事难尽从；然其序君臣父子之礼，列夫妇长幼之别，不可易也。

墨者俭而难遵，是以其事不可遍循；然其强本节用，不可废也。

法家严而少恩；然其正君臣上下之分，不可改矣。

名家使人俭而善失真；然其正名实，不可不察也。

道家使人精神专一，动合无形；赡足万物。其为术也，因阴阳之大顺，采儒墨之善，撮名法之要，与时迁移，应物变化，立俗施事，无所不宜；指约而易操，事少而功多。儒者则不然，以为"人主，天下之仪表也；主倡而臣和，主先而臣随"；如此则主劳而臣逸。至于大道之要，去健羡，绌聪明。释此而任术；夫神大用则竭，形大劳则敝；形神骚动，欲与天地长久，非所闻也！

夫阴阳四时、八位、十二度、二十四节，各有教令；顺之者昌，逆之者不死则亡，未必然也；故曰"使人拘而多畏"。夫春生夏长，秋收冬藏，此天道之大经也；弗顺则无以为天下纲纪；故曰"四时之大顺，不可失也"。

夫儒者以六艺为法。六艺经传以千万数，累世不能通其学，当年不能究其礼,故曰"博而寡要,劳而少功"。若夫列君臣父子之礼,序夫妇长幼之别,虽百家弗能易也。

墨者亦尚尧舜道,言其德行;曰:"堂高三尺,土阶三等,茅茨不翦,采椽不刮。食土簋,啜土刑,粝粱之食,藜藿之羹,夏日葛衣,冬日鹿裘;其送死桐棺三寸,举音不尽其哀,教丧礼必以此为万民之率,使天下法。"若此则尊卑无别也。夫世异时移,事业不必同。故曰"俭而难遵"。要曰"强本节用",则人给家足之道也;此墨子之所长,虽百家弗能废也。

法家不别亲疏,不殊贵贱,一断于法,则亲亲尊尊之恩绝矣!可以行一时之计,而不可长用也;故曰"严而少恩"。若尊主卑臣,明分职不得相踰越;虽百家弗能改也。

名家苛察缴绕,使人不得反其意;专决于名而失人情;故曰"使人俭而善失真"。若夫控名责实,参伍不失;此不可不察也。

道家无为,又曰无不为,其实易行,其辞难知。其术以虚无为本,以因循为用。无成势,无常形,故能究万物之情。不为物先,不为物后,故能为万物主。有法无法,因时为业。有度无度,因物与合。故曰"圣人不朽,时变是守"。虚者道之常也,因者君之纲也,群臣并至,使各自明也,其实中其声者谓之端,实不中其声者谓之窾;窾言不听,奸乃不生。贤不肖自分,白黑乃形,在所欲用耳,何事不成。乃合大道,混混冥冥;光耀天下,复反无名。凡人所生者神也,所托者形也,神大用则竭,形大劳则敝,形神离则死,死者不可复生,离者不可复反,故圣人重之。由是观之,神者生之本也;形者生之具也;不先定其神,而曰我有以治天下,何由哉?

**考证:**

太史公。〇《集解》:"如淳曰:'《汉仪注》:太史公,武帝置,位在丞相上。天下计书,先上太史公,副上丞相;序事如古春秋。迁死后,宣帝以其官为令,行太史公文书而已。'瓒曰:'《百官表》无太史公。

茂陵中书司马谈以太史丞为太史令。'"《索隐》:"公者,迁所著书,尊
其父云公也。迁虽称述其父所作,其实亦迁之词;而如淳引卫宏《仪
注》称'位在丞相上',谬矣!按《百官表》又无其官。"《正义》:"虞喜
《志林》云:'古者主天官者皆上公。自周至汉,其职转卑;然朝会坐
位,犹居公上,尊天之道,其官属仍以旧名尊而称之也。'按文'谈为太
史公',下文'太史公既掌天官,不治民',又曰'迁为太史公',观此虞
喜说为长。乃书谈及迁为太史公者,皆迁自书之。《汉旧仪》云:'太
史公秩二千石,卒史皆秩二百石。'然瓒之说非也。"嘉定钱大昕《二十
二史考异》曰:"按太史公是官名,迁父子世居其职;卫弘汉人,其言可
信。予谓'位在丞相上'者,谓殿中班位在丞相之右,非职任尊于丞相
也。虞喜谓'朝会坐位犹居公上',盖得之矣。子长自言'天下遗文古
事,靡不毕集太史公',与《汉仪注》云'天下计书先上太史公'者正合。
《史记》一书,惟《自序》前半称太史公及封禅书两称太史公,指其父;
馀皆迁自称之辞。小司马、小颜以为尊其父者非矣。"

乃论六家之要指。○嘉定王鸣盛《十七史商榷》曰:"太史公自叙
述其父谈论六家要指,谓阴阳、儒、墨、名、法、道德也;其意以五家各
有所长,亦各有所短,并致其不满之词;而独推崇老氏道德,谓其能兼
有五家之长而去其所短;且又特举道家之'指约易操,事少功多',与
儒之'博而寡要,劳而少功'两两相校,以明孔不如老;此谈之学也。
而迁意则尊儒。父子异尚,犹刘向好《穀梁》而子歆明《左氏》也。汉
初黄老之学极盛,君如文、景,宫闱如窦太后,宗室如刘德,将相如曹
参、陈平,名臣如张良、汲黯、郑当时、直不疑、班嗣,处士如盖公、邓
章、王生、黄子、杨王孙、安丘望之等皆宗。东方朔戒子以'首阳为
拙,柱下为工',是亦宗黄老者。而迁独不然。《汉》本传赞谓'迁论大
道,先黄老而后六经',此本班彪之言,见后汉本传,而固述之。桓谭
谓大司空王邑纳言严尤曰:'老聃著虚无之言两篇,薄仁义,非礼乐,
然好之者以为过于五经。自汉文、景之君及司马迁皆有是言。'班彪、
桓谭皆误以谈之言即迁之意。观迁《自序》称引董仲舒之言,隐隐以

己上承孔子,其意可见。"

名家使人俭,而善失真。○张照等《史记考证》曰:"董份曰:'墨者俭是矣;若名家言俭,似不可晓;盖此乃检字,因上有俭字,写者遂误耳。'解曰:'检者法也。'又曰:'检者束也。'下文'苛察缴绕',即'检束'之意也。"

道家使人精神专一,动合无形,赡足万物。其为术也,因阴阳之大顺,采儒墨之善,撮名法之要,与时迁移,应物变化,立俗施事,无所不宜;指约而易操,事少而功多。儒者则不然;以为"人主,天下之仪表也;主倡而臣和,主先而臣随";如此则主劳而臣逸!○博按:太史公谈论阴阳、儒、墨、名、法、道德六家要指,独推重道家,谓"因阴阳之大顺,采儒墨之善,撮名法之要",兼综五家者,盖习道论于黄子,尊其所学然也。然五家之中,独揭儒与道家并论。何者?盖汉承秦治,载黄老之清静,舒名法之惨礉。观太史公之赞曹相国曰:"参为曹相国,清静,极言合道。然百姓离秦之酷后,叁与休息无为,故天下俱称其美。"其言可征信也。然太史公之赞申、韩,谓:"申子卑卑,施之于名实;韩子引绳墨;切事情,明是非,其极惨礉少恩,皆原于道德之意。"名法原于道德,以之相捄,势所不嫌。独儒与道争长,汉兴五六十年,未有定尊。其可考见于《太史公书》者:《曹相国世家》曰:"孝惠帝元年,除诸侯相国法,更以参为齐丞相。参之相齐:齐七十城;天下初定;悼惠王富于春秋。参尽召长老诸生,问所以安集百姓,如齐故俗?诸儒以百数,言人人殊。参未知所定?闻胶西有盖公,善治黄老言,使人厚币清之。既见盖公,盖公为言治道贵清净而民自定,推此类具言之。参于是避正堂,舍盖公焉。其治要用黄老术;故相齐九年,齐国安集,大称贤相! 惠帝二年,萧何卒。……参代何为汉相国,……载其清净,民以宁一。"《儒林传叙》曰:"孝文帝本好刑名之言。及至孝景不任儒者。而窦太后又好黄老之术,故诸博士具官待问,未有进者。"则是儒绌而道用也!《儒林·辕固生传》称:"辕固生者,齐人也,以治《诗》,孝景时为博士。与黄生争论景帝前。黄生曰:'汤武非受命,乃弑也!'辕固生曰:'不然!夫桀纣虐乱,天下之心,皆归汤武。汤武与天下之心而诛桀纣。桀纣之民,不为之使而归汤武。汤武不得已而立,非受命为何?'黄生曰:'冠虽敝,必加于首。履虽新,必关于足。何者?上下之分也!今桀纣虽失道,然君上也。汤武虽圣,臣下也。夫主有失行,臣不能正言匡过,以尊天子;反因过而诛之,代立,践南面,非弑而何也!'辕固生曰:'必若所云,是高帝代秦即天子之位非耶?'于是景帝曰:'食肉不食马肝,不为不知味!言学者无言汤武,不为愚!'遂罢。是后学者莫敢明受命放杀者!窦太后好老子书,召辕固生问老子书?固曰:'此是家人言耳!'太后怒曰:'安得司空城旦书乎!'乃使固入圈刺豕。景帝知太后怒?而固直言无罪;乃假固利兵。下圈刺豕,正中其心;一刺,豕应手而倒。太后默然,无以复罪。"则是儒不为道绌;而黄生,盖司马谈所习道论之黄子也。《魏其武安侯列传》曰:"孝景崩,即日太子立,建元元年。丞相绾病免。上议置丞相大尉;……于是乃以魏其侯为丞相,武安侯为大尉。……魏其、武安俱好儒术;推毂赵绾为御史大夫,王臧为郎中令,迎鲁申公,欲设明堂,令列侯就国,除关,以礼为服制,以兴太平。……毁曰至窦太后。太后好黄老之言,而魏其、武安、赵绾、王臧等务隆推儒术,贬道家言;于是太后滋不说魏其等。及建元二年,御史大夫赵绾请毋奏事东宫。窦太后大怒,乃罢逐赵绾、王臧等,而免丞相、大尉。"《儒林·申公传》略同。则是儒与道争长,而几以相代也!《儒林传叙》曰:"及窦太后崩。武安侯田蚡为丞相,绌黄老刑名百家之言;延文学儒者数百人。而公孙弘以《春秋》,白衣为天子三公,封以平津侯,天下之学士,靡然乡风矣!"自是儒者制治之局定,而道家言乃大绌!其初文景之治刑名与道并用事;则晁错学申、商刑名于轵张恢生所,以知术数拜为太子家令。《汉书·晁错传》注:"张晏曰:'术数刑名之书也。'臣瓒曰:'术数,谓法制治国之术也。'"至是孝武之治,法家傅儒以决事,故张汤以廷尉决大狱,欲傅古义,乃请博士弟子治《尚书》、《春秋》,补廷尉史。亦可以觇一代学术得失之林也!独太史公谈仕于建元、元封之间；而建元为武帝之初即位，会当儒道争长未定之际；而自以习道论于黄子；故特揭儒与道并论以见得失而明指归。其言曰："道家使人精神专一，动合无形，赡足万物；指约而易操，事少而功多。儒者则不然！以为'人主天下之仪表也，主倡而臣和，主先而臣随'，如此则主劳而臣逸。"故曰："儒者博而寡要，劳而少功。"此其意盖亦本道论耳！黄生之道论不概见，试明以庄子之道论：《庄子·在宥》曰："道有天道，有人道。无为而尊者，天道也。有为而累者，人道也。主者天道也，臣者人道也。天道之与人道相去远矣，不可不察。"自太史公谈论之："儒者博而寡要，劳而少功"；非庄子所谓"有为而累，臣者人道"者乎？"道家指约而易操，事少而功多"；非庄子所谓"无为而尊，主者天道"者乎？太史公以明儒者"博而寡要，劳而少功"不如道之"指约易操，事少功多"。此天道之与人道，所为相去远，而庄生之所欲察者也。

墨者亦尚尧舜道，言其德行，曰："堂高三尺，土阶三等，茅茨不翦，采椽不刮；食土簋，啜土刑，粝粱之食，藜藿之羹；夏日葛衣，冬日鹿裘；其送死桐棺三寸，举音不尽其哀，教丧礼必以此为万民之率，使天下法。"若此，则尊卑无别也。夫世时移，事业不必同。故曰"俭而难遵"。要曰"强本节用"，则人给家足之道也。此墨子之所长，虽百家弗能废也。○博按：《韩非子·显学篇》曰："世之显学，儒墨也。儒之所至，孔丘也。墨之所至，墨翟也。"则是以墨与儒同为显学而他非所论及。然《太史公书》攟采极博。六经而后，先秦诸子：儒家有《孔子世家》、《仲尼弟子列传》、《孟轲荀卿列传》。道家有《管晏列传》、《老子庄子列传》。法家有《商君列传》。兵家有《司马穰苴列传》、《孙武吴起列传》。纵横有《苏秦列传》、《张仪陈轸犀首列传》。其不列传而附见者：有如法家之申不害、韩非附《老庄列传》，则以刑名法术之学"原于道德之意"也。阴阳之邹衍、邹奭附《孟轲列传》，则曰"要其归必止乎仁义节俭君臣上下六亲之施"也。罔不论列言行，详其事指而为之传。独墨子之显学而于《太史公书》仅两见：一附见《孟轲荀卿列传》之末，曰"盖墨翟宋之大夫，善守御，为节用，或曰并孔子时，或曰在其后"，辞之觕略甚矣。一见《太史公自序》，谈为太史公之论六家要指；六家之中，榷论儒道；其次墨者差详，而独详论其"为节用"，曰："墨者俭而难遵，是以其事不可遍循；然其强本节用不可废也。"因称墨者之言而极论之；要曰"强本节用，则人给家足之道也"。自来论墨者多訾其兼爱，而《太史公书》独论其节用，此不可晓？自序《正义》引韦昭说："墨子之术也尚俭；后有随巢子传其术也。"信若所云，意者随巢子独传墨子尚俭之一义而不及其他；《太史公书》即本之此耶？《汉书·艺文志》诸子略墨家有《随巢子》六篇，云"墨翟弟子"；其书不传。然余读瑞安孙诒让之《墨子后语》，中有《随巢子》佚文二十一事；其言多主于明鬼，荒大不经；亦论兼爱，曰："有疏而无绝，有后而无遗。大行之行，兼爱万物，疏而不绝；贤者欣之；不肖则怜之；贤而不欣，是贱德也！不肖不怜，是忍人也！"则可谓傻乎仁人之言！然而无及节用者。虽放佚多，未可论定？而随巢子之非专传墨子尚俭之一义，要可断言；而知韦昭之说，未可信也。然则太史公之称节用何说？曰："此盖称墨子以矫世敝而发《平准》一书之指耳。"《平准》之书，迄元封元年而止；盖太史公谈之作。而太史公谈实仕建元、元封之间，目睹汉武帝外攘夷狄，内兴功业，海内之土力耕不足粮饷；"萧然繁费"，而"兴利之臣自此始"；故不禁慨乎言之，要曰"强本节用，则人给家足之道"；此《平准书》之所为作，而于论墨子先发其指也。史谈又讥儒者之"博而寡要"，而极言之曰"累世不能通其学，当年不能究其礼"；与《孔子世家》所载晏婴之讥孔子同辞；盖袭墨子非儒之篇也；并附著之于篇。

道家无为，又曰无不为。其术以虚无为本，以因循为用。无成势，无常形，故能究万物之情。不为物先，不为物后，故能为万物主。有法无法，因时为业。有度无度，因物与合。故曰："圣人不朽，时变是守。"虚者道之常也。因者君之纲也；群臣并至，使各自明也，其实中其声者谓之端，实不中其声者谓之窾；窾言不听，奸乃不生；贤不肖自分,白黑乃形;在所欲用耳,何事不成。乃合大道,混混冥冥,光耀天下,复反无名。〇博按:此《韩非·主道》一篇之所本也。今按非之言曰:"道者万物之始,是非之纪也;是以明君守始以知万物之源,治纪以知善败之端;故虚静以待命,令名自命也,令事自定也。虚则知实之情。静则知动者正。有言者自为名;有事者自为形;形名参同,君乃无事焉,归之其情。……故有知而不以虑,使万物知其处。有行而不以贤,观臣下之所因。……群臣守职,百官有常,因能而使之,是谓习常。故曰'寂乎其无位而处;漻乎莫得其所;明君无为于上,群臣竦惧乎下。'明君之道,使知者尽其虑,而君因以断事,故君不穷于知。贤者敕其材,君因而任之,故君不穷于能。……道在不可见,用在不可知。虚静无事,以暗见疵;见而不见,闻而不闻,知而不知;知其言以往,勿变勿更,以参合阅焉。"其诸太史公所谓道家之术,"以虚无为本,以因循为用"者钦?夫道家明道德之意;而《非书》阐刑名之用;然其言相发,其道相因。故史公特发其指于《申韩传》赞曰:"申子卑卑,施之于名实;韩子引绳墨,切事情,明是非,其极惨礉少恩,皆原于道德之意"也。后世学者不明究韩非《主道》之说,徒执《解老》、《喻老》以为太史公称刑名之原道德,在是矣!不知非书之《解老》、《喻老》,只解老喻老耳!奚所当于刑名法术之学也。惟《主道篇》乃足以征"刑名参同"之出道家言耳!

# 刘孚京《诸子论甲》(儒家)

　　百家之师,皆托始于圣王。圣王道不异而法屡易。百家之述圣王也,遗其道而言其法,是以人异其宗,是非芬然,靡有所定。儒者之教,肇于唐虞,盛于周公。周公摄政,以九两系天下之民,三曰"师以贤得民",言百家之师,皆有所贤,可以师也;四曰"儒以道得民",殊异之言,人道之大也。人道莫大于礼;礼化质而主文,契、伯夷掌之,儒者述之,故于百家为最文。周公既佐成王,成文武之德,天下大定,则务道化,亦以直殷质之敝,救之以文,故尊用儒者,儒者遂盛。伯禽治鲁,亦率其道,故鲁多儒学。及孔子生于鲁,为儒者宗。是以百家之言,远推黄帝,依托伊尹、太公。儒者之言,近依唐虞,归于周公、孔子。

　　然唐虞之治,孔子之学,皆通其变,不徇于曲;而儒者多一孔,被服迂曲以自殊于人。故哀公问孔子之服,其儒服欤? 孔子曰:"丘不知儒服",盖讥之也。孔子之后,儒分为八,各引一端,推以为真。至于有汉,儒术益微,自孔子之籍不能遍睹,守一艺以之终身,己所不习,因以相诋,皆可谓"不赅不偏一曲之士"矣。

　　且夫儒者以礼教。礼主敬让,敬让则卑屈,故儒者常柔茌。礼别嫌明微,不可通假,故儒者常迂而不及于事。礼辨贵贱之等,别亲疏之杀,盛升降进退揖让之仪,故儒者常繁碎而寡要。至若明堂辟雍,先王所以飨帝教学士而已。诚苟至矣,何必复庙重屋之制? 教苟备矣,何必外圆内方之象? 而儒者滞于其名,以为二者不立,终不足以为盛治,是舍后羿之弓矢而不敢以射也。孔子之六艺,祖述尧舜,宪章文武,其道甚大。若夫诂训以辨异文,记诵以识章句,皆学僮之业,非其缊也。儒者溺于其辞而不知止，钩析铢乱，是非蜂起；至于孝弟之经，治乱之略，或阙而不讲；是贮后稷之秕糠而以为粔籹也！其事太迂！其防太峻！自非诵《诗》、《书》之言，服章甫逢掖之服，虽孝友温恭，天下之善人，皆在所退。故儒者名为述周公、孔子，然非其徒矣！

孟、荀之徒交讥也，历世千载。荀子言礼而鄙性，苟貌于礼而已！时异势异，则不可以通，其为道也外。孟子言礼而尊性，率其性以为礼，则人皆可以为尧舜，其为道也内。故荀卿者儒者而已！孟子者，真周公、孔子之徒也。

## 考证：

至于有汉，儒术益微，自孔子之籍不能遍睹，守一艺以之终身，己所不习，因以相诋，皆可谓"不赅不偏一曲之士"矣！○博按：刘氏所诃，"经生"也，非"儒者"也。大抵汉学有"经生"，有"儒者"。班固作《汉书》，崇"儒者"，而薄"经生"。所谓"经生"者，"守一艺以之终身"，事章句文学。《易》之有施雠、孟喜、梁丘贺，《书》之有欧阳生、大小夏侯胜、建，《诗》之有齐辕固、鲁申公、韩婴、毛公，《礼》之有大小戴德、圣、庆氏普，《春秋公羊》之有严彭祖、颜安乐，《汉书》著入《儒林传》者皆是。亦称辟儒。《汉书·艺文志·诸子略》叙儒家称："惑者既失精微，而辟者又随时抑扬，违离道本，苟以哗众取宠。后进循之。是以五经乖析，儒学寝衰，此辟儒之患！"是也。又《六艺略》称："后世经传既已乖离，而传学者又不思多闻阙疑之义，而务碎义逃难，便辞巧说，破坏形体，说五字之文，至于二三万言。后进弥以驰逐。故幼童而守一艺，白首而后能言；安其所习，毁所不见，终以自蔽，此学者之大患！"亦指经生而言。若儒者则不专一经，不为章句训诂。《汉书·艺文志·六艺略》称："存其大体，玩经文而已！""游文于六艺之中，留意于仁义之际。"务于通经致用。其著书则录入诸子，不专经而名家。其人则助人君，顺阴阳，明教化，而特立专传以显之，若陆贾、刘敬、贾山、贾谊、董仲舒、公孙弘、刘向、扬雄者,是也。班固尝见意于雄《传》曰:"不为章句训诂通而已。"所谓"通"者,通其大意而已,不为经生之章句训诂也。刘歆《移让太常博士书》曰:"在汉朝之儒,贾生而已。"盖重之也。言贾生之为汉朝儒者,而与伏生辈之经生攸殊也。大抵经生不工文章,而儒者文章足以名世。《汉书》之例,经生入儒林,儒者立专传。而范晔《后汉书》以贾逵、郑玄兼通五经,别立传,而互见《儒林》,乃用前汉贾谊、董仲舒、刘氏向歆互见《儒林》之例也。挽近世之谭汉学者,喜诵说经生,而务碎义逃难,苟以哗众取宠,讵知其为学者之大患,儒术之益微也! 知儒者与经生之攸别,斯足以窥汉学之深矣!

# 陈三立《读荀子》

荀卿子之言，与孟子异者：孟子道"性善"；荀子则曰"性恶"。孟子言"必称尧舜"，荀子则曰"法后王"。然孟子曰"人皆可以为尧舜"；荀子亦曰"涂之人可以为禹"。荀子曰："道过三代谓之荡，法二后王谓之不雅。"孟子亦辟为神农之言，历举文王治岐之政，而曰"如耻之，莫若师文王"。操术不同，而其所之无不同；斯皆为圣人之徒欤！

孟子之学，长于《诗》《书》《春秋》而颇及于礼。荀子之学，专于礼，尤好言《诗》《书》；刘向称曰"善为《诗》《礼》《易》《春秋》"。然孟子以意逆志，观大略而已。荀子则诵数以贯之，思索以通之，始乎诵经，终乎读礼，綦重于章句文学。《孟子》书善言性道之要，为古道家之馀。《荀子》书详于法制节奏等威体国经野，儒家之统会。盖观于孟荀之言，而道家儒家之源流正变略可识矣。

《非十二子篇》于子思、孟子称为"案往旧造说，谓之五行"。杨倞释"五行"为"仁义礼智信"。胡元仪正作木火水金土，以谓"荀卿子传经；子思、孟子传纬；故荀子尤非子思、孟子"；而引《中庸》"国家将兴，必有祯祥；国家将亡，必有妖孽"，及《孟子》夜气平旦之气以相符征。其说近是。然尚不足为子思、孟子传纬之证也。荀子明言"案往旧造说，谓之五行"；今子思、孟子书实无五行之说，而荀子凿凿称之，何耶？考子思著书二十三篇，今见《戴记》才数篇。孟子著书十一篇，今存七篇。其《孟子外书》四篇，赵岐①以来皆以为弗类；则元书当已亡。或其所亡佚之书，实有造说五行者，当时流传；为荀子所据欤？抑或传说

---

① 岐，原误"歧"。

失真，非之不以其实钦？又《韩诗外传》所引无子思、孟子，或《非十二子》非荀子之旧钦？不可知也？

告子曰："性犹杞柳也，义犹桮棬也，以人性为仁义，犹以杞柳为桮棬。"荀子"人之性恶，其善者伪也"宗之。杨倞注："伪者为也。"《黄氏日钞》："人为之名。"钱大昕亦谓"伪、为古通"，而引《尧典》"平秩南讹"，《史记》作"南为"，《汉书·王莽传》作"南伪"，以明"伪"即"为"之证；是也。告子曰："生之谓性"，"食色性也"。荀子"凡性者，天之就也，不可学，不可事"；与夫"目好色，耳好声，口好味，心好利，骨体肤理好愉佚，皆生于人之情性"宗之。是荀子之学，与孟子异，而实颇原于告子。然其所为说，固可无恶于天下也；其曰："今人之性，必将待师法，然后正，得礼谊，然后治。今人无师法，则偏险而不正；无礼义，则悖乱而不治。"使人綦重礼义师法，勉然于为善。岂可非乎？孟子言性善，而曰"人皆可以为尧舜"；凡以性之善，充之使至于尧舜焉尔。荀子言性恶，而曰"涂之人可以为禹"；凡以性之恶，化之使至于禹焉尔。孟子之道，尽性以至命，以扩充为谊。荀子之道，化性而起伪，以变化为本。孔子曰："性相近也，习相远也。"按习者为也，即荀子之所谓伪也。习相远，谓习之而后倜乎远也。犹言十室之邑，必有忠信如丘者焉；不如丘之好学也。《论语》言"学而时习之"，言"传不习乎"，《易》言"君子以朋友讲习"，《礼》言"所习必有业"，皆为善之义也。未有以习为习恶之辞者。是孔子虽未主言性恶；而荀子所为说要，尤有合于孔子，无疑也。稽于孔子之言性，而孟、荀二子之说，可得其通也。

**考证：**

孟子之学，长于《诗》、《书》、《春秋》而颇及于礼。〇番禺陈澧《东塾读书记》曰："《史记·孟子列传》云：'序《诗》、《书》，述仲尼之意，作《孟子》七篇。'赵邠卿《孟子题词》云：'孟子通五经，尤长于《诗》、《书》。'澧案：孟子引《诗》者三十，经始灵台，刑于寡妻，畏天之威，王赫斯怒，爰及富人，乃积乃仓，古公亶父，自西自东，迨天之未阴雨，永言配命两引，昼尔于茅，雨我公田，周虽旧邦，出于幽谷，戎狄是膺两引，不愆不忘，天之方蹶，殷鉴不远，商之孙子，谁能执热，其何能淑？周馀黎民，永言孝思，周道如砥，天生蒸民，既醉以酒，忧心悄悄，肆不殄厥愠。○畜君何尤，不在三百篇内。论诗者四；普天之下，小弁，凯风，不素餐兮。○齐宣王引'他人有心'，王良引'不失其驰'，万章引'娶妻如之何？'孟子无论辩之语。引《书》者十八，《汤誓》曰时日害丧，《书》曰天降下民，《书》曰汤一征，又汤始征，《书》曰徯我后两引，《太甲》曰天作孽两引，《书》曰若药不瞑眩，《书》曰葛伯仇饷，《泰誓》曰我武惟扬，《书》曰丕显哉文王谟，《尧典》曰二十有八载，《书》曰只载见瞽瞍，《秦誓》曰天视自我民视，《伊训》曰天诛造攻，自牧宫宫，《康诰》曰杀越人于货，《书》曰享多仪。论《书》者一。《武成》又有似引《书》而不言《书》曰者。如"放勋曰劳之来之"、"有攸不为臣"之类。所谓'尤长于《诗》、《书》'者，于此可以窥见矣。孟子说《春秋》者虽不多；其云'臣弑其君，子弑其父'，'孔子惧，作《春秋》'；'《春秋》，天子之事也'，此明《春秋》之所以作也。《春秋》无义战，亦《春秋》之大义，故孟子亦恶战也。至曰其事、其文、其义，三者不独深明《春秋》，凡后世史学，亦包括无遗矣。孟子说礼，有明言礼者，如"礼曰诸侯耕助"云云，"礼朝廷不历位而相与言"云云，是也。"诸侯失国"云云，"在国曰市井之臣"云云，下文皆云"礼也，丈夫之冠也，父命之"云云，上文云"子未学礼乎？三年之丧，齐疏之服"云云，"天子一位"云云，"皆曰尝闻君薨，听于冢宰"，引"孔子曰天子适诸侯"云云，两见一引"晏子曰"。有不明言礼者，"古者棺椁无度"云云，"夏后氏五十而贡"云云，"夏曰校"云云，"卿以下必有圭田"云云，"岁十一月徒杠成"云云，"招虞人以皮冠"云云，"天子之地方千里"云云，"牺牲既成"云云，"有布缕之征"云云。有与人论礼者。景丑曰"礼曰父召无诺"云，淳于髡曰"男女授受不亲，礼欤"，齐宣王曰"礼为旧君有服"，万章曰"父母爱之喜而不忘"云云，与《内则》略同。其曰'诸侯之礼，吾未之学。'盖礼文繁博，间或有未学者；故赵氏不以为尤长耳。"

荀子之学，专于礼，尤好言《诗》、《书》。刘向称曰"善为《诗》、《礼》、《易》、《春秋》"。○江都汪中作《荀卿子通论》，历举诸家经师以为出荀卿子之传，固也。独《左氏春秋》及《毛诗》，舍刘向《别录》、陆玑《毛诗草木虫鱼疏》不引，而引陆德明《经典释文》，未为知所先务。

《穀梁》不引杨士勋《疏》,疏证尚欠分明。大小戴《礼》亦不如谢墉《荀子笺释序》所言之典核。荀子兼通《易》,置而不论,亦未为尽也。博按:刘向所校雠中《孙卿书录》称:"孙卿善为《诗》、《礼》、《易》、《春秋》。"独《易》之传业无闻!荀卿之书,语圣人必曰孔子、子弓。子弓之行事无传。独《史记·仲尼弟子列传》叙:"孔子传《易》于商瞿。瞿传楚人馯臂子弘。"《正义》引颜师古云:"《汉书》及荀卿子皆云字子弓,此作弘,误。"汉世言《易》者本之田何。而田何为子弓弟子,则是子弓,《易》家之始师矣!疑荀卿《易》学之所自出也。独传业谁何?无考者。至《汉书·楚元王传》云:"少时尝与鲁穆生、白生、申公同受《诗》于浮丘伯。伯者,孙卿门人。"而《鲁诗》传自申公,申公为孙卿再传弟子;则是《鲁诗》出荀子也。陆玑《毛诗草木虫鱼疏》云:"孔子删《诗》,授卜商。商为之序,以授鲁人曾申。申授魏人李克。克授鲁人孟仲子。孟仲子授根牟子。根牟子授赵人孙卿。卿授鲁国毛亨。亨作《诂训传》以授赵国毛苌。时人谓亨为大毛公,苌为小毛公。"而亨亲受业孙卿;则是《毛诗》出荀子也。《左传正义》引刘向《别录》云:"左丘明授曾申。申授吴起。起授其子期。期授楚铎椒。椒作《抄撮》八卷,授虞卿。卿作《抄撮》九卷,授孙卿。卿授张苍。"则是《左氏春秋》出荀子也。《汉书·儒林传》云:"瑕丘江公受《穀梁》及《诗》于鲁申公。而鲁申公之《穀梁春秋》,亦自孙卿传之。"杨士勋《穀梁疏》云:"穀梁子受经于子夏,为经作传,传孙卿。卿传鲁人申公。申公传博士江翁。"则是《穀梁春秋》出荀子也。此皆传授分明,凿凿可据者。亦有不言卿传,而籀诵记说,知于荀子有渊源者,则《韩诗》、大小戴《礼》是也。《韩诗》今存《外传》,其中引荀子以说《诗》者凡四十四事,而《礼》小戴记之《三年问》,全出荀子书《礼论篇》;《乐记》、《乡饮酒义》所引俱出《乐论篇》;而《聘义》子贡问贵玉贱珉,亦与《德行篇》大同。《大戴记·三本篇》亦出《礼论篇》。《劝学篇》即《荀子书》首篇,而以《宥坐篇》末见大水一则附之。《哀公问五义》出《哀公篇》之首,谢墉《荀子笺释序》考之綦详,则是《韩诗》、大小戴《礼》,亦未必不出荀子也。故知"善为《易》、《诗》、《礼》、《春秋》"之说信矣。然《荀子·儒效篇》诋俗儒"不知隆礼义而杀《诗》《书》";又称雅儒"隆礼义,杀《诗》《书》";大儒"统礼义"。则是荀子隆礼义而杀《诗》《书》者也。而谓其"尤好言《诗》、《书》",其然,岂其然乎?

《孟子》书善言性道之要,为古道家之馀。《荀子》书详于法制节奏等威,体国经野,儒家之统会。盖观于孟、荀之言,而道家、儒家之源流正变,略可识矣。○博按:道家宗旨,明天者也;故其言道也,则曰:"有物混成,先天地生……吾不知其名,字之曰道;……人法地,地法天,天法道,道法自然。"见《道德经》第二十五章。儒家宗旨,明人者也;故其言道也,则曰:"非天之道,非地之道,人之所道也。"见《荀子·儒效篇》。孔子儒而兼道,故明天人相与之际。道家纯任天道,孔子则修人道以希天。儒家务尽人道,孔子则本天道以律人。大抵修人道以希天者,《春秋》教也。本天道以律人者,《易》学也。孔子以《诗》、《书》、《礼》、《乐》教弟子,盖三千焉;而《易》、《春秋》不与者;性舆天道不可得闻也。盖孔子以道自任,而以儒学传弟子。孔子志于道,据于德,依于仁,游于艺;至七十始从心所欲,不踰矩焉。而其训弟子也则不然!博学于文,约之以礼。雅言者《诗》、《书》执《礼》。立教者,文行忠信。性与天道,盖有不可得闻者矣。其后子思、孟轲衍其道统,则曰"天命之谓性,率性之谓道",见《礼记·中庸第三十一》。"仁者人也,合而言之道也",见《孟子·尽心下》。是"道法自然"之意也。荀卿传其儒学;则曰:"《书》者政事之纪也,《诗》者中声之所止也,《礼》者法之大分,类之纲纪也;故学至乎礼而止。"见《荀子·劝学篇》。是《诗》、《书》执《礼》之教也。汉代经生,近承荀学。宋儒理学上衍道统。

荀子明言"案往旧造说,谓之五行";今子思、孟子书实无五行之说。○博按:五行之说,今于思、孟书中,证据虽少。然子思作《中庸》,而《中庸》开端言"天命之谓性",旧注:"木神则仁,火神则礼,土神则知,金神则义,水神则信。"是可见《中庸》本旨,固以五行傅会五德也。孟子受业子思之门人，又以仁、义、礼、智四德并举，大抵亦本诸此。夫以五行傅五德，其渊源有自。子游述所闻于孔子而非《礼运》，言"人者其阴阳之交，五行之秀气"。孔颖达疏："独阳不生，独阴不成，二气交乃生。秀，谓秀异；人感五行秀异之气，故有仁义礼智信。"邹衍深观阴阳消息，而要其归必止乎仁义节俭，君臣上下六亲之施，用意亦若有契。至汉世，其一派衍为张苍、公孙臣辈，以五行推世运；而吹律定姓三统文质之义起焉，则衍邹子终始之说者也。其一派传之董仲舒、翼奉辈，以五行傅道德；而澄列五性以立父子之说起焉，则承思、孟五行之学者也。今按董仲舒所著《春秋繁露》，有《五行对篇》、《五行之义篇》。其言曰："天有五行，木火土金水，是也。木生火，火生土，土生金，金生水。水为冬，金为秋，土为季夏，火为夏，木为春。春主生，夏主长，季夏主养，秋主收，冬主藏。藏，冬之所成也。是故父之所生，其子长之。父之所长，其子养之。父之所养，其子成之。诸父所为，其子皆奉承而续行之；不敢不致如父之意，尽为人之道。由此观之：父授之，子受之，乃天之道也。地出云为雨，起气为风；风雨者，地之所为；地不敢有其功名，必上之于天命，若从天气者；故曰'天风天雨也'，莫曰'地风地雨也'。勤劳在地名一归于天；非至有义，其孰能行此！故下事上，如地事天也；可谓大忠矣！土者，火之子也。五行莫贵于土。土之于四时无所命者，不与火分功名。木名春，火名夏，金名秋，水名冬。忠臣之义，孝子之行取之土。"《汉书·艺文志》诸子略有于长《天下忠臣》九篇，入阴阳家。论者每多不解。岂知其为推衍董氏学乎？翼氏言《诗》五际六情，以五情分配方位。则纯为主观之心理，一变而为客观之伦理矣。夫五行之说，远本上古。《洪范》肇其绪，《二雅》承其流。是以孟子于《诗》、《书》为其专长；荀卿于《诗》、《书》在所必杀。《汉书·艺文志》兵阴阳有《孟子》一篇。

# 刘孚京《诸子论乙》(道家)

　　自唐、虞作法,禹、汤迭兴,世有所更,以至于周,承殷质之弊;于是周公制作,其文大备,而天下乃治。及成康既没,百有馀年,遭幽、厉之虐,稍稍坏乱。暴君继作,霸者承权,然尚忌周之典籍,不敢以肆。春秋之时,犹得以王命相持,以盟誓相要;及其久也,尽去其籍,乃敢淫为暴戾。礼乐之效如此!孔子作,思欲复古之治,以为因时之宜,莫便文、武、周公之道;既老而不用,乃退而修六艺;观"三易"之文而取《周易》,文王、周公之志也。《诗三百篇》,周太师之所陈,当世之俗也。辨礼乐之宜,损益四代之法,曰"吾从周";周公之所定,当世之所用也。《书》始于尧舜,而周之书最多,不敢述上古之眇冥而详时王之迹也。《春秋》起隐公,明当世之治也。故圣人之于天下,务近而不举远。孔子曰:"吾学周礼";"如有用我者,吾其为东周乎?"孟子称先王,荀子法后王,二者非相反。据战国以言文、武,斯为先王矣。据三代以言文、武,斯为后王矣。此皆以文、武为法,以周公为师,孔子之志也。

　　老聃为柱下之史,习于帝王之故,睹三代以来制作益详,风俗益汗,不知其原,归其过于礼乐,以为乱之所从出;欲尽去之而为太古。夫夏之教忠,殷之教敬,周之教文,此非政之所强;变之所适也。变之所适,则必因而利导之。周之不能为太古,若昏之于昕,壮夫之于婴儿,然壮夫不可以哺乳,周不可以为无事。且孔子岂不知黄帝哉?以为尧舜以前不可知,虽知之无所施于今;故曰:"君子名之必可言也,言之必可行也。"若夫言而不可行,是之谓苟。悲夫!老聃乃以苟焉者为道德也!

　　自老聃以道德名,于是杨朱得其清净之意,设为为我之说,而列御寇、庄周之徒托焉。申不害、商君、韩非用其轻仁义去礼乐之意,而为刑名。邹衍、邹奭袭其迂怪而演终始五行之变。惠施、公孙龙师其纵恣而为坚白同异之辨。是数者，皆出于老聃；故远者称黄帝，肆者非往古，述文、武、周公之道者，靡有闻焉；故士益狂惑！正道否塞，天下不治，固安者之所乐闻，而天下之所由乱也！李斯之焚《诗》、《书》，亦愚之之术也！

## 考证：

自老聃以道德名；于是杨朱得其清净之意，设为为我之说，而列御寇、庄周之徒托焉。申不害、商君、韩非用其轻仁义去礼乐之意，而为刑名。邹衍、邹奭袭其迂怪而演终始五行之变。惠施、公孙龙师其纵恣而为坚白同异之辨。是数者，皆出于老聃。○博按：先汉以来，谭诸子者多推老子为百家之祖，虽誉刺不同而其归则一。《史记·老庄申韩列传》：太史公曰："老子所贵道，虚无因应，变化于无为，故著书辞称微妙难说。庄子散道德放论，要亦归之自然。申子卑卑，施之于名实；韩子引绳墨，切事情，明是非，其极惨礉少恩；皆原于道德之意。而老子深远矣！"明李载贽《解老自序》曰："尝读韩非《解老》，未尝不为非惜也！以非之才而卒见杀于秦，安在其为善解老也？是岂无为之谓哉？夫彼以柔弱，而此以坚强；此勇于敢，而彼勇于不敢，已方圆冰炭若矣。'然则韩氏曷为爱之？'曰：'顺而达者，帝王之政也。逆而能忍者，黄老之术也。'顺而达，则以不忍之心，行不忍之政，是故顺事恕施而后四达不御，其效非可以旦夕责也。逆而能忍者，'不见可欲'，是也；是故无政不达，而亦无心可推；无民不安，而亦无贤可尚，如是而已矣。此至易至简之道，而一切急功利者之所尚也！而一切功利者欲效之而不可得；是故不忍于无欲，而忍于好杀；不忍以己而忍以人；不忍于忍而忍于不忍。学者不察，遂疑其原，从而曰：'道德之祸，其后为申韩也如此！'"陈澧《东塾读书记·诸子篇》云："'古之善为道者，非以明民，将以愚之。'吴草庐注云：'其流之弊，则为秦之燔《诗》、《书》以愚黔首。'程子云：'秦之愚黔首，盖亦出于老子。'

《二程遗书》卷十五。澧按：韩非云：'商君教秦孝公燔《诗》、《书》而行法令。'《和民篇》。是燔《诗》、《书》始于商鞅，故其言曰：'民不贵学则愚。愚则无外交，国安不殆！'《垦令》。韩非亦云：'群臣为学者可亡'，《亡征篇》。韩非之学出于老子、商鞅也。庄子亦云：'绝圣弃知，大盗乃止！弹残天下之圣法，而民乃可与论议！'《胠箧篇》。惜乎庄子不见秦始皇焚书而胜、广大盗乃起也！"又云："申不害之书已亡，惟《群书治要》采其《大体篇》，有云：'名者天地之纲，圣人之符。张天地之纲，用圣人之符，则万物之情无所逃矣！故善为主者倚于愚，立于不盈，设于不敢，藏于无事，窜端匿疏，《日本佚存丛书》评云：疏疑述。示天下无为，是以近者亲之，远者怀之，示人有馀者，人夺之。示人不足者，人与之。刚者折，危者覆。动者摇，静者安。名自正也，事自定也，是以有道者自名而正之，随事而定之也。'又云：'圣人贵名之正也，主处其大，臣处其细，以其名听之，以其名视之，以其名命之。'澧案《群书治要》采此篇，盖取其稍醇正者；然'藏于无事，窜端匿疏'，已见其术矣。'名者天地之纲'云云，又可见《史记》所谓'申子之学，本于黄老而主刑名'，'申子卑卑，施于名实'者也。"此言申、韩出于老子也。唐陆希声《道德经传自序》曰："老氏之术，道以为体，名以为用，无为无不为而格于皇极者也。杨朱宗老氏之体，失于不及，以至于贵身贱物。庄周述老氏之用，失于太过，故欲绝圣弃知。申、韩失老氏之名，而弊于苛缴刻急。王、何失老氏之道，而流于虚无放诞。"陈澧《东塾读书记》曰："杨朱是老子弟子。见《列子·黄帝篇》及《庄子·寓言篇》，庄子云阳子居。子居，盖朱之字。故禽滑厘问杨朱云：'以子之言问老聃、关尹，则子之言当矣！'《列子·杨朱篇》。老子云：'故贵以身为天子，则可以寄天下。爱以身为天下，则可以托天下。'吴草庐注云：'爱惜贵重此身，不肯以之为天下。'杨朱为我之学原于此。"此言杨朱、庄周、申、韩、王、何出于老子也。《程子遗书》曰："老氏之言杂权诈；秦愚黔首，其术盖有所自。老子语道德而杂权诈，本末舛矣！申、韩、苏、张，皆其流之弊也。申、韩原道德之意而为刑名，后世犹或师之。苏、张得权诈之说而为横纵，其失益远！"此言申、韩、苏、张出于老子也。《朱子语录》曰："老子之学，只要退步柔伏，不与你争，才有一毫主张计较思虑之心，这气便粗了。故曰：'致虚极，守静笃。'又曰：'专气致柔，能如婴儿乎？'又曰：'知其雄，守其雌，为天下谿。知其白，守其黑，为天下谷。'所谓'谿'，所谓'谷'，只是低下处。让尔在高处，他只要在卑下处，全不与尔争；他这工夫极难。常见画本老子，便是这般气象，笑嘻嘻地，便是个退步占便宜底人；虽未必肖他，然亦是他气象。只是他放出无状来，如曰'以正治国，以奇用兵'，'以无事取天下'。他取天下，便是用此道。故为其学者多流于术数，如申、韩之徒。是也。其后则兵家亦祖其说，如孙、吴之类，是也。"明刘子威《严君平〈道德指归论〉序》曰："有以柔弱胜刚强，而为兵权之谲者，取彼险武附于诈谋。有以刍狗万物，而为申、韩之刻者，绝圣去知以愚齐民。有以清净无为而为盖公之言者，慎守其常，用以宁一，则曹丞相辅汉一代之治，是也。有以谷神不死，而为神仙长年之术者，则推本柱下，原于道德，《关尹书》之类，遂为玄谈之宗。然其所述，皆老之支流，非其全体。"陈澧《东塾读书记》曰："'圣人欲上人，以其言下之；欲先人，以其身后之；将欲歙之，必固张之。将欲弱之，必固强之。将欲废之，必固兴之。将欲夺之，必固与之。'吴草庐注云：'老子大概欲与人之所见相反，而使人不可测知。孙、吴、申、韩之徒，用其权术，陷人于死而人不知。其立言不能无弊有以启之！'澧案：孙子云：'兵者诡道也；故能而示之不能，用而示之不用，近而示之远，远而示之近。'《始计篇》。又云：'能愚士卒之耳目，使之无知。易其事，革其谋，使人无识。'《九地篇》。此老子之术也。吴子则无此等语，草庐连及之耳。"此言孙、吴、申、韩出老子也。大约老子之学无所不赅，彻上彻下，亦实亦虚，学之者不得其全，遂分为数派：其得老子之玄虚一派者，为杨朱，为庄周。得老子之刻忍一派者，为刑名家，为法家。得老子之阴谋一派者，为兵家，为纵横家。昔韩退之谓："孔子之道大而能博，门弟子不能遍观而尽识也。故学焉而皆得性之所近。"老子殆犹然乎？

# 陈三立《老子注序》

昔衰周之际，孔老并出，各专其道，不相为师。然孔子尝问礼于老子，而曰"窃比于我老彭"。老彭者，故老子也。孔子盖数有取于老子云。

老子之书，言道言德，澹泊宁静，窅然无为。其后庄周、列御寇之徒，技衍老子，号为道家，其言益放无所统纪矣。而孔子修《春秋》，定《易》《诗》《书》《礼经》，纪王政之迹，明礼乐之会，七十子相与传之，称儒宗焉。儒与道不相兼。道家言道，儒家言礼。自是徒众益竞于异同，或相奖诬以汩其真，数千年以来，混然沉浮，莫能明也。

老子虽专言道，以自然为宗；而读其辞，俨乎其若畏，慄慄乎殆而不安。传曰："作《易》者其有忧患乎！"老子盖睹周末之弊，道散礼崩，政俗流亡，莫知其终，于是发愤矫厉，寓之于言，刮磨人心以冀其瘳。孔子曰："禘自既灌而往者，吾不欲观之矣！"林放问礼之本，而曰"大哉问"。孔子周流以明用，老子养晦以观变，其志一也。故老子明其原，而孔子持其流。老子质言之以牖当时，孔子则修其词以训后世。然而礼亡于秦，汉特用老治，终孝文景之世，世被其化，其效亦既可睹矣！而孔子之孙子思作《中庸》，亦言道言性，言无声无臭，其旨略同于老子。老子固孔子之徒哉！盖天不一道，道不一圣，圣不一治。文质之变，各有其宜。升降之数，各有其情。同之非之，攻之因之，揭揭焉抢攘于其间，非所以顺大数，参万世，明治而善学也！

注《老子》者，隋唐所列，无虑数十家，今《四库》著录凡九家，而河上公本颇著。余单居亡聊，略以所明取而注之。或言："河上公《章句》多不合，乃流俗人所为。"是殆然。然唐以来传之千馀岁不废，则亦不可得而废也。故仍之云。

## 考证：

孔子尝问礼于老子，而曰"窃比于我老彭"；老彭者，故老子也。○博按：《庄子·逍遥游》陆德明《音义》曰："彭祖，《世本》云：'姓籛，名铿，在商为守藏史，在周为柱下史。'籛，音翦。一云'即老子也'。"汉《博陵太守孔彪碑》云："述而不作，彭祖赋诗。"则是"述而不作，信而好古"两语，盖老彭之赋诗。孔子讽其诗，故窃比其人也。"作"与"古"谐韵。

儒与道不相兼。道家言道，儒家言礼。自是徒众益竞于异同，或相奖诬以汩其真。○博按：《史记·老庄申韩列传》曰："世之学老子者则绌儒学，儒学亦绌老子。道不同不相为谋。"韩愈《原道》，老佛并距。宋儒承之。朱子《中庸章句序》曰："老佛之徒出，则弥近理而大乱真。"然宋儒亦有谓老与儒表里者：秦观《淮海集》曰："班固赞司马迁以为'是非颇谬于圣人，论大道，则先黄老而后六经。'孰谓迁之高才博洽而至于是乎？以臣观之，彼实有见而发耳！孟子曰：'仁者人也；合而言之，道也。'杨子亦曰：'道以导之，德以得之，仁以人之，义以宜之，礼以体之，天也。合则浑，离则散。'盖道德者，仁义礼之大全；而仁义者，道德之一偏。黄老之学，贵合而贱离，故以道为本六经之教，于浑者略，于散者详，故以仁义礼为用。迁之论大道也，先黄老而后六经，岂非有见于此而发哉！"此言黄老与六经表里也。晁说之《景迂生集》曰："伏羲、文王、周公赞《易》之后，惟老氏得《易》之变通屈伸，知柔而贵虚，务应而不得；殷勤以立言，幸乎此书之存也！"叶梦得《老子解》曰："删《书》断自唐、虞；而《易》独及伏羲、神农、黄帝，然后知尧而上，盖有其人，六经存而不论。尝试会之以心，则其说曰：'《易》无思也，无为也，寂然不动，感而遂通天下之故，非天下之至神孰能与于此！'然后知伏羲、神农、黄帝至于尧、舜，世而相传者，皆不出乎《易》。退而质诸老氏，则与《易》异者无几。"又曰："老氏之书，其与孔子异者，皆矫世之辞；而所同者皆合于《易》。"此言老与《易》表里也。又叶梦得《老子解》曰："《论语》'窃比于我老彭'。后孔子者孟子。孟子之于儒，盖秋毫不以少乱也；其距杨、墨，排仪、秦，过于桀、纣；终不及老氏。乃其言尽心知性以至于命，则老氏之所深致意也。然后知老氏之书，孔孟所未尝废。"又《石林岩下放言》曰："老氏论气，欲专气致柔如婴儿。孟子论气，以至大至刚、直养而无害，充塞乎天地之间。二者正相反。从老氏，则废孟子。从孟子，则废老氏。以吾观之，二说正不相反。人气散之，则与物敌而刚；专之，则反于己而柔。刚不可以胜刚，胜刚者必以柔；则专柔者，乃所以为直也。直养而无害于外，则不惟持其志，毋暴其气；当如曾子之守约，约之至精而反于微，则直养者，乃所以为柔也。盖知道之至者，本自无二。"此言老与孟表里也。其他如邵康节以老子为知《易》之体，孟子为知《易》之用。《邵氏闻见录》。杨龟山曰："私意去尽，然后可以应世。老子曰：'公乃王。'"《语录》。若此之类，更不可以悉数也，故不具引焉。

# 章炳麟《庄子〈齐物论〉释序》

昔者苍姬讫录，世道交丧。奸雄结轨于千里。烝民涂炭于九隅。其惟庄生览圣智之祸，抗浮云之情；盖齐谡下先生三千馀人，孟子、孙卿、慎到、尹文皆在，而庄生不过焉。以为隐居不可以利物，故托抱关之贱。南面不可以止盗，故辞楚相之禄。止足不可以无待，故泯死生之分。兼爱不可以宜众，故建自取之辨。常道不可以致远，故存造微之谈。维纲所寄，其唯《逍遥》、《齐物》二篇；则非世俗所云自在平等也。体非形器，故自在，而无对。理绝名言，故平等而咸适。《齐物》文旨，华妙难知，魏晋以下，解者亦众，既少综核之用，乃多似象之辞。夫其所以括囊夷、惠，炊累周、召，等臭味于方外，致酸咸于儒史，旷乎未有闻焉！作论者其有忧患乎？远睹万世之后，必有人与人相食者，而今适其会也。

"文王明夷，则主可知矣！仲尼旅人，则国可知矣！"虽无昔人之睿，依于当仁，润色微文，亦何多让！执此大象，遂以胪言；儒墨诸流，既有商榷；大小二乘，又多取携。夫然，义有相征，非附会而然也。往者僧肇、道生，摭内以明外。法藏、澄观，阴盗而阳憎。宋世诸儒或云佛典多窃老庄，此固未明华梵殊言之理。至于法藏、澄观窃取庄义以说《华严》，其迹自不可掩。自澄观至于宗密，乃复剿剥老庄；其所引据，多是天师、道士之言，而以诬污前哲，其见下于生、肇远矣。然则拘教者以异门致衅。达观者以同出览玄。且《周髀》、《墨经》，本乎此域，解者犹引大秦之算。何者？一致百虑，而胡越同情。得意妄言，而符契自合。今之所述，类例同兹。《诗》曰："受小球大球，为下国缀游。"咨惟先生，其足以与此哉！

# 陈三立《读列子》

　　吾读《列子》,恣睢诞肆,过庄周;然其词隽,其于义也狭,非庄子伦比。篇中数称杨朱,既为《杨朱篇》,又终始一趣,不殊杨朱贵身任生之旨,其诸杨朱之徒为之欤? 世言"战国衰灭,杨与墨俱绝"。然以观汉世所称道家杨王孙之伦,皆厚自奉养。魏晋清谈兴,益务藐天下,遗万物,适己自恣,偷一身之便,一用杨朱之术之效也,而世乃以蔽之列子云。

　　吾又观列子《天瑞篇》:"死之与生,一往一反,故死于是者,安知其不生于彼?"《仲尼篇》:"西方之人有圣者焉。不治而不乱,不言而自信,不化而自行。"轮回之说,释迦之证,粲著明白。其言"运转亡已,天地密移";复颇与泰西地动之说合。岂道无故术,言无故家,所操者约而所验者博欤?

　　吾终疑季汉、魏晋之士,窥见浮屠之书,就杨朱之徒所依托,益增窜其间,且有非刘向之所尝见者。张湛盖颇知之而未之深辨也。又《汉志》道家称其先庄子,乃列于庄子之后,明非本真。而柳宗元方谓"庄子要为放依其词,于庄子尤质厚少伪作。"於戏! 盖未为知言尔已!

**考证:**

　　吾终疑季汉、魏晋之士,窥见浮屠之书,就杨朱之徒所依托,益增窜其间,且有非刘向之所尝见者。张湛盖颇知之而未之深辨也。○博按:《汉书·艺文志》道家:《列子》八篇。注曰:"名圉寇,先庄子,庄子称之。"今传《列子书》八篇,与《汉志》载篇数合。柳宗元《辨列子》谓:"其书增窜非其实,其言魏牟、孔穿,皆出列子后,不可信"云云。今考第五卷《汤问篇》中并有邹衍吹律事,不止魏牟、孔穿,其不出圄寇之手无疑。顾其后高似孙《子略》遂疑列子为庄子寓言,如所称鸿蒙、云将之流,并无其人。然《尔雅疏》引《尸子·广泽篇》云:"墨子贵兼,孔子贵公,皇子贵衷,田子贵均,列子贵虚,料子贵别。"云云,则以列子与孔、墨并称,当时实有其人可知。今按《列子书》称子列子,决为传其学者所追记,非圄寇自著;犹《墨子书》之称子墨子,为传墨学者所记,非墨翟自著也。其杂记列子后事,正如《庄子》记庄子死,《管子》称吴王、西施,《商子》称秦孝公耳。要之古人之著书有三:其一,春秋以前之著书,为昭代典章。如会稽章学诚称:"古之所谓经,乃三代盛时典章法度见于政教行事之实;而非圣人有意作为文字以传后世也。"《文史通义·经解上》。其二,周秦之际之著书,为专门家学。如章学诚所称:"诸子之奋起,思以其学易天下;苟足显其学而立其宗,而援述于前,与附衍于后者,未尝分居立言之功而私其所出。辑其言行,不必尽其身所论述者。管子之述其身后死事,《韩非书》之载其李斯《驳议》,是也。"《文史通义·言公上》。其三,秦汉以后之箸书,为私人著作。语矜已出,辞戒剿说,于是专门家学之义不明,而绳以一概。或讥文辞不类。或疑事涉身后。而不知古人一家之言,非可以后世私人之著,一例相绳。此亦挽近论古者之一蔽也!《汉书·艺文志》言:"《论语》者,孔子应答弟子时人及弟子相与言而接闻于夫子之语;当时弟子各有所记;夫子既卒,门人相与辑而论纂,故谓之《论语》。"大抵晚周诸子书,皆《论语》之比,不必其人所自著,而出其人既死弟子之所记,门人之所辑。譬如《论语》记孔子死,称鲁哀公,而出于孔子之手,则无理矣!然以为出于曾子、有子之门人,庸何伤乎?则亦何嫌于《列子书》哉!

# 谢无量《韩非叙略》

古之言政治者数家，至于法家而详。法家之学，又至韩非而大备。司马谈《论六家要指》曰："阴阳、儒、墨、名、法、道德，此务为治者也。"盖韩非不喜阴阳，而好刑名法术之学；亲受业儒者之门，而推本于道德；既博稽众家，求其切实可施诸行事者，著书言治，故中国古代之政治学，至于韩非，大体具矣；以其晚出，所取资多也。

司马迁以老、庄、申、韩合在一传，而论之曰："老子所贵道，虚无因应，变化于无为，故著书辞称微妙难识。庄子散道德放论，要亦归之自然。申子卑卑，施之于名实；韩子引绳墨切事情，明是非，其极磏礉少恩；皆原于道德之意。而老子深远矣！"盖古之名学者以道家为最先；虽起自黄帝，要至老子以来，其学为有传也。韩非虽兼综诸家之长，而尤推本道德之意；故太史公独叙申、韩于老、庄之后，亦以其所源者远欤？

《汉志》法家《韩非子》五十五篇。《隋》《唐志》二十卷，目一卷。旧有注不详名氏；惟元何犿以为李瓒注鄙陋无取，尽为削去；不知犿何据指为李瓒也？其篇自昔谓有缺者，然所传适符五十五篇之数；惟王伯厚言今本五十六篇，今不可考。近人于《韩非》书颇有校正其义训者，皆五十五篇，与《汉志》符也。太史公谓"申、韩原于道德之意"，而《汉志》则列《韩非》于法家，其言曰："法家者流，盖出于礼官，信赏必罚，以辅礼制。《易》曰：'先王以明罚饬法'，此其所长也。及刻者为之，则无教化，去仁爱，专任刑法而欲以致治；至于残害至亲，伤恩薄厚。"盖法家所由出，本以辅礼制。荀卿最长于礼，而韩非师之，又稽考黄、老刑名之言，此韩非成学之大略也。

晁公武《读书志》曰："韩非喜刑名法家之学，作《孤愤》、《五蠹》、《说林》、《说难》十馀万言，书凡五十五篇，其极刻核无诚恻，谓夫妇父子，举不足相信，而有《解老》、《喻老篇》，故太史公以为大要皆原于道德之意。夫老子之言高矣，世皆怪其流裔何至于是？殊不知老子之书，是'将欲歙之，必固张之'，及'欲上人者必以言下之，欲先人者必以身后之'等言，是出于诈，此所以一传而为非欤？"

高似孙《子略》曰："《韩子书》往往尚法以神其用，薄仁义，厉刑名，背《诗》《书》，课名实，心术词旨，皆商鞅、李斯治秦之法，而非又欲凌跨之；此始皇之所投合，而李斯之所忌者。非迄坐是，为斯所杀，而秦即以亡，固不待始皇之用其言也。《说难》一篇，殊为切于事情者，惟其切切于求售，是以先为之说，而后说于人，亦庶几万一焉耳。太史公以其说之难也，固尝悲之，抑亦有所感慨而发者欤？"

《黄氏日抄》曰："韩非尽斥尧、舜、禹、汤、孔子，而兼取申不害、商鞅法术之说，加深刻焉；至谓妻子亦害己者而不可信，盖自谓独智足舞一世矣！然以疏远，一旦说人之国，乃欲其主首去贵近，将谁汝容耶？送死秦狱，愚莫与比！然观其书，犹有足警后世之惑者。方是时，先王道息，处士横议，往往故为无稽寓言以相戏剧。彼其为是言者，亦未尝自谓真有是事也；后世袭取其馀而神之，流俗因信以为真；而异端之说，遂至祸天下；奈何韩非之辩具在而不察耶？非之言曰：'白马非马，齐稷下之辩者屈焉；及乘白马之赋而籍之，不见其非白也；盖虚辞空辩，可以胜一国，考实按形，不能漫一人。'今人于异端，有尝核其实者否耶？非之言曰：'宋人有欲为燕王削棘刺之端以为猿母者，必三月齐，然后能见；知王之必不能久齐而给之尔。王乃养之三乘。冶工言王曰：果然，则其所以削者必小。今臣冶人也，无以为削，此不然之物也。因因而问之。果妄，乃杀之。'今人于异端，果尝有讯其妄者否耶？……非之辩诬若此者众，姑取节焉以告惑者。"

王世贞《韩非子书序》曰："韩子之言，太史公若心喜之，而傅之《老子传》。唐以尊老子，故析之。宋以绌老子，故复合之。其析其合,要非以为韩非子也。嗟夫! 儒至宋而衰矣。彼其睥睨三代之后,以为无一可者,而不能不心折于孔明,乃孔明则自比于管子,而劝后主读韩非子之书。何以故? 宋儒之所得浅,而孔明之所得深故也。宋以名舍之,是故小遇辽,小不振;大遇金,大不振。孔明以实取之,是故蕞尔之蜀,与强魏角而恒踞其上。"

陈澧《东塾读书记》曰:"韩非之学,出于老子,而流为惨刻者,其意以为先用严刑,使天下不敢犯,然后可以清静而治也。至暴秦严刑之后,汉初果以黄老致刑措矣。然秦以严刑而亡,汉以清静而治,严刑者近受其祸,清静者远受其福;韩非未见及此也;彼欲其于一身先用严刑,后享清静;而不知已杀其身,已亡其国也! 且秦虽严刑,而博浪之击,阑池之盗,陈胜、吴广之揭竿而起,何尝畏严刑哉?《史记·韩非传》云:'喜刑名法术之学。'《集解》云:'申子之书号曰术,商鞅之书号曰法;皆曰刑名。'李奇云:'韩非兼行申、商之术。'见《汉书·武帝本纪》注。澧按韩非云:'申不害言术,而公孙鞅为法。术者,人主之所执也。法者,臣之所师也。此不可一无,皆帝王之具也。'《定法篇》。'法者,编著之图籍设之于官府,而布之于百姓者也。术者,蒙之于胸中以偶万端而潜御群臣者也。故法莫如显而术不欲见。'《难三篇》。问者曰:'主用申子之术,而官行商君之法,可乎?'对曰:'二子之于法术,皆未尽善也! 申子言治不踰官,虽知弗言。治不踰官,谓之守职也。可知而弗言,则人主尚安假借矣!'商君之法曰:'斩一首者爵一级,欲为官者,为五十石之官。斩二首者爵二级,欲为官者为百石之官。'今有法曰'斩首者令为医匠',则屋不成而病不已! 夫匠者手巧也;而医者齐药也;而以斩首之功为之,则不当其能。今治官者智能也。今斩首者勇力之所加,而治者智能之官,是以斩首之功为医匠也! 故曰:'二子之于法术皆未尽善也!'《定法篇》。然则韩非兼申、商之法术而更进焉者也! 李斯以书对二世引申子曰:'有天下而不恣睢,命之曰以天下为桎梏者!'又引韩子曰:'慈母有败子,而严家无格隶。'又引商君刑弃灰于道者。又引韩子曰:'布帛寻常,庸人不释。

铄金百镒，盗跖不搏。'又云：'灭仁义之涂，困烈士之行，塞聪揜明若此，然后可谓能明申、韩之术，而修商君之法！'《史记·李斯列传》。商鞅、申、韩之说至此大畅，而秦亡矣。老子云：'民不畏死，奈何以死惧之！'惜乎韩非之未解此也！罪当死者必死，则民畏。若不论罪之轻重而皆死，则民不犯轻罪而犯重罪矣！此陈胜、吴广所谓'失期亦死举大计亦死'也。"自此以下两条，皆博所增入。博按：谢氏书好博采而无深识，此文亦正同病。今删其不必要者，而增入陈澧《东塾读书记》一条，陈三立《读韩非子》一条，似为后来居上。

陈三立《读韩非子》曰："韩非贵刑名，上功实，裂仁义，绌贤才，隆主之势，排斥大臣；左右朋比，一决于法术。自秦以来千馀岁，祖非之治，时取小效。戎夷崛起盛强，尤与非术相表里；岂其世变相类，有不可得而废者欤！悲夫！非之言'所养非所用，所用非所养，此所以乱'，盖莫之能易也！非书又称'父母之于子也，产子则相贺，产女则杀之'。后世溺杀所产女之习之变，战国之世，宁已有是？然吾颇疑非所征者秦俗也！"

古今论韩非者甚众，不可悉引。惟太史公似有深意。《黄氏日抄》所言亦极推其辨言正词之功，盖韩非之议论，多切于事情而核于名实，为言治者所不可废也。二陈于非引绳批根，极有微词；然贾生、晁错实明之于汉廷，而诸葛又用以治蜀。非之为书，一推本于人事，揆诸正理以究为政之要，大绌一切阴阳灾异、虚伪不实之说，殆所涉猎者广而用心者深欤！

# 孙诒让《墨子间诂序》

《汉志》墨子书七十一篇,今存者五十三篇。《鲁问篇》:"墨子之语魏越云:'国家昏乱,则语之尚贤尚同。国家贫,则语之节用节葬。国家憙音沉湎,则语之非乐非命。国家淫僻无礼,则语之尊天事鬼。国家务夺侵陵,则语之兼爱非攻。'"今书虽残缺,然自《尚贤》至《非命》三十篇。所论略备,足以尽其指要矣。《经说》上下篇与庄周书所述惠施之论及公孙龙书相出入,似原出墨子,而诸钜子以其说缀益之;《备城门》以下十馀篇,则又禽滑厘所受兵家之遗法;于墨学为别传。惟《修身》、《亲士》诸篇,谊正而文靡,校之他篇,殊不类。《当染篇》又颇涉晚周之事,非墨子所得闻;皆后人以儒言缘饰之,非其本书也。

墨子之生,盖稍后于七十子,不得见孔子;然亦甚老寿,故前得与鲁阳文子、公输般相问答;而晚及见田齐太公和,又逮闻齐康公兴乐,及楚吴起之乱。身丁战国之初,感恫于扩暴淫侈之政,故其言谆复深切,务陈古以剀今,亦喜称道《诗》、《书》及孔子所不修百国《春秋》。惟于礼则右夏左周,欲变文而反之质,乐则竟屏绝之,此其与儒家四术六艺必不合者耳!至其接世务为和同,而自处绝艰苦;持之太过而或流于偏激;而非儒尤为乖戾。然周季道术分裂,诸子舛驰。荀卿为齐鲁大师,而其书《非十二子篇》,于游、夏、孟子诸大贤,皆深相排笮,洙泗龂龂,儒家已然。墨儒异方,跬武千里,其相非宁足异乎?综览厥书,释其纰谬,甄其纯实,可取者盖十六七。其用心笃厚,勇于振世救敝;殆非韩、吕诸子之伦比也。《庄周·天下篇》之论墨氏曰:"不侈于后世,不靡于万物,不晖于数度,以绳墨自矫,而备世之急。"又曰:

"墨子,真天下之好也！将求之不得也,虽枯槁不舍也,才士也夫！"斯殆持平之论欤？

墨子既不合于儒术,孟、荀、董无心、孔子鱼之伦咸排诘之。汉晋以降,其学几绝；而书仅存,然治之者殊鲜,故挩误尤不可校；而古字古言,转多沿袭未改；非精究形声通假之原,无由通其读也。旧有孟胜、乐台注,今久不传。近代镇洋毕尚书沅始为之注。藤县苏孝廉时学复刊其误,创通涂径,多所是正。余昔事雠览,旁撮众家,择善而从,于毕本外,又获见明吴宽写本、顾千里校《道藏》本,用相勘核,别为写定；复以王观察念孙、尚书引之父子、洪州倅颐煊及年丈俞编修樾、亡友戴茂才望所校,参综考读。窃谓《非儒》以前诸篇,谊指详倬,毕、王诸家校训略备,然亦不无遗失。《经说》、《兵法》诸篇,文尤奥衍凌杂,检揽旧校,疑滞殊众；研核有年,用思略尽；谨依经谊字例为之诠释。至于订补《经说》上下篇旁行句读,正《兵法》诸篇之讹文错简,尤私心所窃自喜,以为不缪者。辄就毕本更为增定,用遗来学。昔许叔重注《淮南王书》题曰《鸿烈间故》；间者发其疑牾,诂者正其训释。今于字义多遵许学,故遂用题署；亦以两汉经儒本说经家法笺释诸子,固后学所晞慕而不能逮者也。

## 考证：

《汉志》墨子书七十一篇,今存者七篇。○博按:《墨子》七十一篇,见《汉书·艺文志》。隋以来为十五卷,目一卷,见《隋书·经籍志》。宋亡九篇,为六十一篇,见《中兴馆阁书目》,实六十三篇,后又亡十篇,篇五十三篇,即今本也。焦竑《国史经籍考》于《墨子》十五卷外云"又三卷,乐台注"。钱曾《读书敏求记》引潜溪《诸子辩》云:"《墨子》三卷。战国时宋大夫墨翟撰。上卷七篇,号曰《经》；中卷下卷六篇,号曰《论》,共十三篇。其书不传。"毕沅《墨子注叙》云:"又三卷一本,即《亲士》至《尚同》十三篇；宋王应麟、陈振孙等仅见此本,有乐台注,见郑樵《通志·艺文略》。今亡。"则濂溪《诸子辩》所云"上卷七篇号曰经"者,盖指今十五卷本之第一卷《亲士》、《修身》、《所染》、《法仪》、《七患》、《辞过》、《三辩》七篇而言,意旧必于目下题经。按《管子》书有《经言》九篇;《韩非子·内储说上》有《经》七篇,《内储说下》有《经》七篇,《外储说右上》有《经》三篇,《外储说右》有《经》五篇,皆以经冠诸篇之首;则《墨子》书之《经》,亦当一例冠篇首。毕沅《墨子注叙》云:"今惟《亲士》、《修身》及《经上》、《经下》疑翟自著;馀篇称子墨子,则是门人小子记录所闻。"张惠言《书墨子经说解后》云:"墨氏之言,《修身》、《亲士》多善言。"然则《庄子·天下篇》称曰"墨经"者,指第一卷《亲士》、《修身》七篇,无疑也。《汉书·艺文志》兵书略"技巧"十三家百九十九篇,注云"省墨子重";则刘向父子《七略》,《墨子》书,墨家与兵书盖两收;而收入兵书技巧者,盖即今十五卷本自第十四卷《备城门》以下二十篇也。中亡九篇。《班志》始省兵而入墨。墨子勤生薄死,与黄老不同术;明鬼之旨,匪即游仙。乃《抱朴子》内篇《遐览》则云"变化之术,大者惟有《墨子五行记》,本有五卷;昔刘君安未仙去时,钞取其要以为一卷。"《隋书·经籍志》医方类有《墨子枕内五行记要》一卷,当即《抱朴子》所云刘君安所钞者也。《抱朴子·神仙金汋经》又载《墨子丹法》,则皆《汉书·艺文志》之所未著,而又在七十一篇之外。今观《意林》一引《随巢子》曰:"鬼神为四时八节以纪,育人,乘云雨润泽以繁长之,皆鬼神所能也,岂不谓贤于圣人!"而随巢子,墨子弟子,其书亦著目《汉书·艺文志》。意者明鬼之论,其后遂依托而为游仙变化之事耶?斯亦可以穷墨学之流变,而资谈助之异闻者也;故附著焉。

《经说》上下篇,与庄周书所述惠施之伦及公孙龙书相出入,似原出墨子。○博按:此袭鲁胜之说,而不知其非也!《墨子》书多奥言错字,而《经》、《经说》为甚,旧无注释。独鲁胜有《墨辩注》,其叙见《晋书·隐逸传》,谓:"墨子著书,作《辩经》以正名本。惠施、公孙龙祖述其书,以正别名显于世。"又曰:"《墨辩》有上、下经,《经》各有《说》凡四篇,与其书众篇连第,今引说就经,各附其章。"实开后世言墨辩者

"引说就经"之先例。然其书不传，至清儒惠治校雠之学，而仁和卢文弨、阳湖孙星衍始校《墨子》书，多所是正，镇洋毕沅乃据卢、孙二校以意折衷，所正复多于前；文义粲然，更为注解，成《墨子注》十六卷。独《经》、《经说》文字奥衍凌杂，毕沅乃据《经》上篇"读此书旁行"之一语，别为新考定经上篇，分上下两行横列附篇末，乃考见《墨辩》古本写法。然自谓"于《经》、《经说》、《大小取》诸篇不能句读，疑滞犹众。"武进张惠言著《墨子经说解》，用鲁胜"引说就经"之例，正其句读，通其指要，合为二篇，而墨辩乃有专注，后之言墨辩者宗之！其后南海邹伯奇素治西来天算重光之学，比次重差旁要诸术以解《墨子》，《经》、《经说》。具著其说于《学计一得》，转相发明！而后读者知墨辩所涵，有算术，有光学，有重学！其同县陈澧闻伯奇之说，益为推明所未备，语见《东塾读书记》。孙氏集众家说墨，下以己意，成《墨子间诂》十五卷，最称精博！至于订补《经说》上下篇旁行句读，足匡毕氏所未逮；序中所尤自喜以为不谬者！然自谓："《经》、《经说》诸篇，未窥眇旨。《墨经》揭举精理，引而不发，为名家言之宗；必有微言大例，如欧土论理家亚里大得勒之演绎法，培根之归纳法，及佛氏之因明论者。"因见西书甚少，虑近皮傅，未敢著篇，盖其慎也！尝以书告新会梁启超而望其补谊，足为后来言墨辩者辟一新涂也！馀杭章炳麟撰《原名》、《明见》之篇，乃以欧土逻辑、印度因明诂说《墨辩》，语著《国故论衡》；而后读者知墨辩所涵，有因明，有逻辑，益惊其言之河汉无涯，附庸蔚为大国矣！长沙章士钊、绩溪胡适亦以欧土逻辑治墨辩，有所浚发。士钊有《名学他辩》、《名墨訾应考》之篇。适有《墨经新诂》之作仅于《文存》见《墨子小取篇新诂》及《论墨学》诸文。而新会梁启超年二十三，得《墨子间诂》，读而好之；特以孙氏之言，于《经》、《经说》多所校释，剳记卷端，积二十年，比而次之，得数万言，命曰《墨经校释》。然鲁胜只称《经》、《经说》为辩经，题曰"墨辩"，而不即以当《庄子·天下篇》之《墨经》也。自孙氏以来，则迳题墨辩为《墨经》矣！甚非"疑以传疑"之义也！梁氏《校释》于毕沅、张惠言、孙诒让之说，持异同者盖过半，自许甚厚，而士钊与适读之，不尽谓然也！然胡适称《庄子·天下篇》所叙惠施、桓团、公孙龙辩者之徒为别墨，与梁启超同，盖本鲁胜之序《墨辩注》也。独章士钊明其不然！大致以为施、龙祖述墨学，说创鲁胜，前未有闻！《汉书·艺文志》名墨流别，判然不同。施、龙之名，隶名而不隶墨。《荀子·解蔽篇》云："墨子蔽于用而不知文，惠子蔽于文而不知实。"墨、惠并举，而所蔽之性适得其反；谓为师承所在，讵非谰言！今观惠、墨两家，同论一事，其义莫不相反。如惠子言："一尺之棰，日取其半，万世而不竭。"墨子言："非半勿斫，则不动，说在端。"凡注墨者，率谓此即惠义；而不悟两义相对，惠为立而墨为破，一立一破，未可同年而语也。何以言之？惠子之意，重在取而不在所取；以谓无论何物，苟取量仅止于半，则虽尺棰已耳，可以日日取之，历万世而不竭也。墨家非之，谓所取之物，诚不必竭，而取必竭一尺之棰，决无万世取半之理。盖今日吾取其半，明日吾取其半之半，又明日吾于半之半中，取其一半；可以计日而穷于取，奚言万世！何也？尺者端之积也。端乃无序而不可分；于尺取半，半又取半，必有一日全棰所馀两端而已！取其一而遗其馀，馀端凝然不动，不能斫，即不能取也。故曰"非半勿斫，则不动，说在端"，此其所言果一义乎？抑二义乎？略加疏解，是非炳然可知！而从来治墨学者未或道及。即明锐慎密如孙诒让，曾谓"据庄子所言，则似战国时墨家别传之学，不尽墨子之本旨者"，于此且一致为鲁胜之说所欺，无怪乎墨学之不能大昌明也！因作《名墨訾应考》，著如上例者若干条，以证名墨两家"倍谲不同"，决非相为祖述，其辞甚辩。胡适谓"施、龙专科学之墨，而舍宗教之墨"。而士钊则以为"墨子言教言学，理原一贯。歧而二之，乃不知墨者之所言"。汉阳张纯一作《墨子间诂笺》，推明墨家教学一贯之致，而括其要于《墨辩》曰："墨学全书，莫重于《经》与《说》，而《大取》尤为纲要，《小取》特其立辩实行之方法。盖《墨辩》异同，凡以明兼；兼明而后墨道明；天志、兼爱、节用诸义无不明本兼而别者取小兼以正别者取大皆当于《经说》求之，而《墨辩》尤重归纳。"此则拓《墨辩》之域推而大之，至于全墨者也。谨最《墨辩》诸家之要删，而以明此学之流变焉。

　　亦喜称道《诗》、《书》及孔子所不修百国《春秋》。惟于礼则右夏左周，欲变文而返之质；乐则竟屏绝之；此其与儒家四术六艺必不合者耳。○博按：《淮南子·主术训》称："孔丘、墨翟修先圣之术，通六艺之论。"虽然，六艺之论，墨与孔之所同通；而《礼》、《乐》、《春秋》，则墨与孔之所异言。何以知其然？今考《墨子》书引《诗》，与《三百篇》同；引《尚书》如《甘誓》、《仲虺之诰》、《说命》、《太誓》、《洪范》、《吕刑》，亦与百篇之书同。此与孔子同者也。其《明鬼篇》引周、燕、宋、齐诸国《春秋》，则非《鲁春秋》也。而于《礼》，则法夏绌周，又有《非乐》之篇。此与孔子异者也。《淮南子·要略训》曰："墨子学儒者之业，受孔子之术，以为其礼烦扰而不说，厚葬靡财而贫民，服伤生而害事，故背周道而用夏政。"其见于《墨子》书者；《非儒篇》引晏子曰："夫儒浩居而自顺者也，不可以教下。好乐而淫人，不可使亲治。立命而怠事，不可使守职。宗丧循哀，不可使慈民。机服勉容，不可使导众。孔某盛容修饰以蛊世，弦歌鼓舞以聚徒，繁登降之礼以示仪，务趋翔之节以观众；博学不可使议世，劳思不可以补民；累寿不能尽其学，当年不能行其礼，积财不能赡其乐；繁饰邪术以营世君，盛为声乐以淫遇民，其道不可以期世，其学不可以导众。"太史公采之以入《孔子世家》。然则墨子者，盖始出于孔子而后相非者欤？

　　墨子既不合于儒术，孟、荀、董无心、孔子鱼之伦咸排诘之。○博按：孟子之距墨，尽人知之；而不知荀子非墨之博辩，视孟子为尤胜！盖孟子之距墨，有连称杨者，有单举墨者。单举墨者距其"节葬"。《滕文公上·墨者夷之章》之称"墨之治丧，以薄为其道也"。连称杨者距其"兼爱"。《滕文公下·予岂好辩章》言："天下之言，不归杨，则归墨。杨氏为我，是无君也。墨氏兼爱，是无父也。无父无君，是禽兽也。"此訾"兼爱"为无父也。《尽心上》孟子曰："杨子取为我，拔一毛而利天下，不为也。墨子兼爱，摩顶放踵，利天下为之。子莫执中，执中为近之。执中无权，犹执一也。所恶执一者，为其贼道也，举一而废百也。"此嫌"兼爱"于执一也。而距墨子"兼爱"之一义，盖视"节葬"为加详焉。然不如荀子非墨之博辩，其言有非墨之"尚同"、"兼爱"者，如《非十二子篇》曰："不知壹天下兼国家之权称，上功用大俭约，而慢差等；曾不足以容辩异，悬君臣；然而其持之有故，其言之成理，足以欺惑愚众，是墨翟、宋钘也。"《天论篇》曰："墨子有见于齐，无见于畸。"此非墨之"尚同"、"兼爱"也。有非墨之"节用"者：《富国篇》曰："今是土之生五谷也，人善治之，万物得宜，事变得应，上得天时，下得地利，中得人和，则财货浑浑如泉源，汸汸如河海，暴暴如丘山，不时焚烧，无所臧之。夫天下何患乎不足也？夫有馀不足，非天下之公患也。特墨子之私忧过计也。天下之公患，生于乱也。我以墨子之非乐也，则使天下乱。墨子之节用也，则使天下贫。"此其非墨之"节用"，累七八百言，而厪撮其要者也。有非墨之"勤生"者：《王霸篇》曰："人主者，以官人为能者也。匹夫者，以自能为能者也。人主得使人为之。匹夫则无所移之，百亩一守，事业穷，则无所移之也。今以一人兼听天下，日有馀而治不足者，使人为之也。大有天下，小有一国，必自为之然后可；则劳苦憔悴莫甚焉！如是则虽臧获不肯与天子易执业。以是县天下，一四海，何故必自为之？为之者，役夫之道也，墨子之说也。"杨倞注："墨子之说，必自劳苦矣。"此非墨之"勤生"也。有非墨之"节葬"者，特详于《礼论篇》，其言曰："礼者以财物为用，以贵贱为文，以多少为异，以隆杀为要。礼者养也，孰知夫出死要节之所以养生也？孰知礼义文理之所以养情也？故人一之于礼义，则两得之矣；一之于情性，则两丧之矣。故儒者将使人两得之者也，墨者将使人两丧之者也，是儒墨之分也。""礼者，谨于治生死者也；生，人之始；死，人之终也；终始俱善，人道毕矣。夫厚其生而薄其死，是敬其有知而慢其无知也。是奸人之道，而倍叛之心也。故事生不忠厚，不敬文，谓之野；送死不忠厚，不敬文，谓之瘠。君子贱野而羞瘠。刻死而附生，谓之墨！刻生而附死，谓之惑！"《解蔽篇》曰："墨子蔽于用而不知文。"此非墨子之"节葬"也。有非墨子之"非乐"者，特详于《乐论篇》，其大指以为声乐之入人也深，其化人也速，故先王谨为之文。墨子曰："乐者圣王之所非也，而儒者为之，过也。"君子以为不然。乐者，圣人之所乐也，而可以善民心；其感人深，其移风易俗，故先王导之以礼乐而民和睦。此非墨之"非乐"也。而非"节用"见《富国篇》七八百言，《乐论》非"非乐"又且倍之。非墨之论，于诸子莫详焉。至董无心、孔子鱼之伦，语焉而不详，卑之无高论，故不具引已！

# 戴望《汪仲伊〈握奇图解〉序》

歙汪子仲伊以所著《握奇图解》示余，曰："子好议论今古，盍抒子所欲言，张吾之书？"予曰：唯唯！否否！尝闻之古初矣：天地设而有阴阳；一阖一辟，一消一息；道之经而兵之精欤？古之人制陈法，所谓天衡地轴前后冲者，不以是形欤？

天不能有阳而无阴，有日而无月。地不能有山而无川。人不能有文而无武，有道而无兵，道若日也，兵若月也。月承日以为光。兵辅道以为纪。道无兵道灭；兵不道兵残；兵为卫道设也。

尧、舜贵让，未尝不善陈。汤、武好仁，未尝不用战。徒揖让而不知陈，善陈者覆之；徒仁义而不用战，善战者拍之。暴秦以降，汉之高帝、光武，明之高皇，兵兴道合。不合，则贼盗窥人国，夷狄窃王钺；胜则屠城破邑，杀人亿千百万；败则掠野醢人畜以为食。虽有君子，莫之能御也。事幸而得集，则号为君子者，从而登其朝，饲其谷，朝跪尧、舜之，夕见汤、武之矣。乡所谓屠城掠野之徒，盈其贯以死；从而扬之曰："此元功重臣与伊挚、吕尚论功度德者也！"吾尝受嬴、刘以往史氏之书，皆以是观矣。於乎！是其故何也？则由于虚灵冲漠，兀坐尸嘘之徒之张目拱手而谋人家国者阶之厉也！不知道，不通兵，致道离兵而兵不卫道。贼盗夷狄，遂相率角逐，反以兵胁道灭道，不大可哀哉！

抑人有恒言，皆曰"兵农礼乐"。不知古者以兵属之礼，宗伯掌其仪，司马职其功。战斗不可空习，则四时田猎以闲之。子路言"可使知方"，知其军陈行列坐作进退之法也。先王安不忘危，存不忘亡，军旅之事，寓于俎豆；俎数奇，豆数偶，兵之方员锐直所以为乘承比应

175

者,胥于是焉在!

丹徒庄械序仲伊之书,其言粹矣,美矣! 复推道与兵相辅之义以广其指;仲伊其不我非耶?

# 姚鼐《读〈司马法〉〈六韬〉〈孙子〉》

世所有论兵书,诚为周人作者,惟孙武子耳,而不必为武自著。若其馀皆伪而已!

任宏以《司马法》百五十五篇入"兵权谋",班固出之以入"礼经";太史公叹其闳廓深远,则其书可知矣。世所传者泛论用兵之意,其辞庸甚,不足以言礼经,亦不足言权谋也;且仅有卷三耳。

《汉·艺文志》《吴起》四十八篇,在"兵权谋"。《尉缭子》三十一篇,在"兵形势"。今《吴子》仅三篇,《尉缭子》二十四篇。魏晋以后,乃以箛笛为军乐;彼吴起安得云"夜以金鼓箛笛为节"乎?苏明允言"起功过于孙武",而著书顾草略不逮武;不悟其书伪也!《尉缭》之书,不能论兵形势,反杂以商鞅形名之说;盖后人杂取,苟以成书而已。

《庄子》载女商曰:"横说之,则以《诗》、《书》、《礼》、《乐》;从说之,则以《金版》、《六弢》。"然则《六弢》之文,必约于《诗》、《书》、《礼》、《乐》者也。刘向、班固皆列《周史六弢》于儒家,且云"惠、襄之间",或云"显王时",或曰"孔子问焉"。然其为《周史》之辞,若周任、史佚之言无疑也;非言兵,亦无预于太公也。今《六韬》徵取兵家之说,附之太公而弥鄙陋。周之权曰钧,不曰斤;其于色曰元、曰黑、曰缁,不曰乌。晋、宋、齐、梁间,布帛乃有乌衣乌帽语耳,而今《六韬》乃曰斤、曰乌。余尝谓周、秦以降,文辞高下差别颇易见。世所谓古文《尚书》者,以他书事实证之,其伪已不可逃;然直不必论。此取其文展读,不终卷,而决知非古人所为矣。

盖古书亡时多在汉献、晋惠愍间,而好为伪者,东晋以后人也。唐修《隋书》,作《艺文志》,不知古书之逸,举《司马法》之类悉载之。颜师古注《汉书》,于《六韬》直以为即今书;此皆不足以言识。至韩退之乃识古书之正伪,惜其于此数者,未及详言之也。《汉书·刑法志》所载古井田出车之法甚详,其文盖出于《司马法》,与包咸注《论语》辞同也。《刑法志》引其文备,故以六十四井出车一乘,别以三十六井地当山川沈斥城池邑居园囿术路,合之则百井。包咸引其辞略,故第言成出车一乘耳;其原出一也。作伪者其所见书寡于为古文《尚书》者,故举此及他经史明载之《司马法》而并遗之。

左氏序阖闾事无孙武。太史公为列传,言"武以《十三篇》见于阖闾"。余读之;吴容有孙武者,而《十三篇》非所著。战国言兵者为之,托于武焉尔。春秋大国用兵,不过数百乘,未有兴师十万者也,况在阖闾乎? 田齐、三晋既立为侯,臣乃称君曰主;主在春秋时大夫称也。是书所言皆战国事耳。其用兵法,乃秦人以虏使民法也,不仁人之言也。然自是世言用兵者以为莫武若矣!

## 考证:

刘向、班固皆列《周史六弢》于儒家。○博按:"六弢"疑"大弢"之讹;《庄子·则阳》称"仲尼问于太史大弢"者也。说详甲集第三十四页《周史六弢》注。

春秋大国用兵,不过数百乘,未有兴师十万者也,况在阖闾乎? ○博按:《孙子·作战篇》曰:"凡用兵之法,驰车千驷,革车千乘,带甲十万。"自是春秋兵制,不必以此为疑也。《汉书·刑法志》曰:"甸六十四井也。有戎马四匹,兵车一乘,牛十二头,甲士三人,卒七十二人,干戈备具,是谓乘马之法。"《论语》"道千乘之国"郑注引《司马法》同。一乘车,驷马,士卒七十五人;又有炊家子十人,固守衣装五人,厩养五人,樵汲五人,共一百人。则是革车千乘,驾马千驷,有众十万,与孙子之言合。《论语》屡称千乘之国;而城濮之战,晋军七百乘,见《春秋左氏·僖二十八年传》,则晋出师七万人矣,而益以齐师、宋师、秦师,当不下十万人也。平丘之会,晋甲车四千乘,亦见《春秋左氏·昭十三年传》;则且出师四十万人矣! 安得谓春秋大国,未有兴师十万者乎?

# 汪中《吕氏春秋序》①

《吕氏春秋》,世无善本。余向所藏,皆明时刻;循览既久,辄有所是正。于时嘉善谢侍郎、仁和卢学士并好是书;及同学诸君,各有校本。爰辑为一编,而属学士刻之。既成,为之序曰:

周官失其职,而诸子之学以兴;各择一术以明其学,莫不持之有故,言之成理!及比而同之,则仁之与义,敬之与和,犹水火之相反也。最后《吕氏春秋》出,则诸子之说兼有之。故《劝学》、《尊师》、《诬徒》、一作低役。《善学》一作用众。四篇,皆教学之方,与《学记》表里。《大乐》、《侈乐》、《适音》、《古乐》、《音律》、《音初》、《制乐》,皆论乐。《艺文志》言:"刘向校书别得《乐记》二十三篇。"今《乐记》有其一篇;而其他篇名载在别录者,惟见于《正义》所引。按本书《适音篇》,《乐记》载之。疑刘向所得,亦有采及诸子,同于河间献王者。凡此诸篇,则六艺之遗文也。《十二纪》发明明堂礼,则明堂阴阳之学也。《贵生》、《情欲》、《尽数》、《审分》、《君守》五篇,尚清净养生之术;则道家流也。《荡兵》、一作《用兵》。《振乱》、《禁塞》、《怀宠》、《论威》、《简选》、《决胜》、《爱士》八②篇,皆论兵;则兵权谋、形势二家也。《上农》、《任地》、《辨土》三篇,皆农桑树艺之事;则农家者流也。毕沅《吕氏春秋新校正序》云:"不韦书在秦火以前,故其采缀原书类亡,不能悉寻其所本。今观其《至味》一篇,皆述伊尹之言,而汉儒③如许慎、应劭等,间引其文,一则直称伊尹曰,一则又称伊尹书。今考《艺文志》道家《伊尹》五十一篇,不韦所

---

① 作者原注:代毕尚书作。
② 八,原作"七"。
③ 汉儒,原作"汉书",据文意改。

本,当在是矣。又《上农》、《任地》、《辨土》等篇,述后稷之言,与《亢仓子》所载略同;则亦周、秦以前农家者流相传为后稷之说,无疑也。"两事足补汪氏所未备。博按:汪氏此文题"代毕尚书作";而毕刻别有序,与此不同。想汪代作未用也。其有抵牾者:《振乱》、《禁塞》、《大乐》三篇,以墨子《非攻》救守及《非乐》为过;而《当染篇》全取墨子《应言篇》司马喜事,则深重墨子之学。甚者吴起之去西河见《观表》二篇,一事两见。惟《有始览》所谓解见某书者,于本书能观其会通尔。司马迁谓:"不韦使其客人人著所闻,以为备天地万物古今之事。"然则是书之成,不出于一人之手,故不名一家之学;而为后世《修文》、《御览》、《华林》、《遍略》之所托始。《艺文志》列之杂家,良有以也!然其所采撅,今见于周、汉诸书者,十不及三四。其馀则本书已亡,而先哲之话言,前古之佚事,赖此以传于后也;其善者可以劝,其不善者可以惩焉。亦有闾里小智,一意采奇,词奥旨深,可喜可观;庶几乎立言不朽者矣!其文字异同,已注于篇中,兹不复及;故序其著书之意以质之君子,幸正教之!

# 梅曾亮《淮南子书后》

　　《淮南子》剿窃曼衍，与安所为文不类。然自《吕氏春秋》外，存古书者莫多是书；非东汉人为之，决也。惟《天文训》所言三百六十五度四分度之一，则四分历，章帝始行之；其二十四气，亦与东汉更定者同；岂亦有后人附益者欤？孔子曰："信而好古。"岂不以非信之难，能辨其为古者难欤？

　　昔柳子厚谓"《列子》书质直少伪作，庄子多本之"。夫《列子》剿《庄子》者耳；其书非《庄子》及诸子书所有者，文气皆甚卑，不类周、秦时文；而以为庄子之所从出，疏矣！朴学之士，好是古而非今，不能通知文字升降之源。不根者揽其词，昧没其终始。子厚固非二者之可伦比；其言《鹖冠子》剿贾谊赋入其书，信当矣；而顾失之于《列子》，何哉？

**考证：**

　　《淮南子》剿窃曼衍，与安所为文不类。〇博按：《汉书·艺文志》杂家《淮南》内二十一篇，外三十三篇。师古曰："内篇论道，外篇杂说。"今所存者二十一篇，盖内篇也。后汉高诱为之注解而序其书，称"其旨近老子，淡泊无为，蹈虚守静。出入经道，及古今治乱存亡祸福、世间诡异瑰奇之事，无所不载；然其大较归之于道，号曰《鸿烈》；鸿，大也；烈，明也；以为大明道之言"也。本二十篇，《要略》一篇，则叙目也。自来无言《淮南子》伪者，然自来亦无言刘安作者！而梅氏乃称其"剿窃曼衍，与安所为文不类"。不知《汉书·淮南王传》称："安招致宾客方术之士数千人，作为《内书》二十一篇"，本不言安作，而出众人手笔;如《吕氏春秋》二十六篇之出"秦相吕不韦辑智略士作"也,何必以"与安所为文不类"为嫌乎?高诱序亦言:"天下方术之士多往归焉;于是遂与苏飞、李尚、左吴、田由、雷被、毛被、伍被、晋昌等八人,及诸儒大山、小山之徒,共讲论道德,总统仁义而著此书。"正合《汉书·艺文志》序所俪"杂家者流,盖出议官,兼儒墨,合名法";出于当日众人之杂议,各抒所见而作;以故列入杂家。而杂家之所以异于儒、道、名、墨诸家者,盖所由来者不同。诸家本师说传授。杂家出众议驳杂也。杂家者言,无不"剿窃曼衍"者;盖与议者不专一家,尊其所闻故也。尊其所闻,故不嫌剿窃;不专一家,故旁涉曼衍;势所必至,何必以此致讥于《淮南》乎?此亦意过其通者矣!